新・古代史

グローバルヒストリーで迫る邪馬台国、ヤマト王権

NHKスペシャル取材班

JN189274

NHK出版新書
735

はじめに

私たちが暮らす日本という国。その始まりには、大きな謎がある。

中国の歴史書「魏志倭人伝《ぎしわじんでん》」に登場し、この国の黎明期《れいめいき》に女王となった人物である卑弥《ひみ》呼《こ》。古代日本のルーツに迫る手がかりとして、これまで様々な研究がなされてきた。しかし、今なお、わからないことだらけだ。

第一の謎が、卑弥呼がいたとされる邪馬台国。「魏志倭人伝」に記されたルートを辿ると、海の中にあったとも言われる。果たして、その所在地はどこだったのか。

第二の謎が、卑弥呼の国づくり。「魏志倭人伝」には、「倭国乱」と言われた混乱の時代に、卑弥呼は女王になったと記されている。中国に使者を派遣した記録が残っているが、当時、中国は三国志の時代。戦乱が続く大国とどんな外交をし、どんなふうに国を導こうとしていたのか。

そして第三の謎が、卑弥呼の最期。「魏志倭人伝」には、卑弥呼が長年、最大のライバル・狗奴国《くなこく》という勢力と争ったことが記されている。しかし、結末は書かれていない。そのため、卑弥呼はその最中に亡くなったとも言われている。
彼女は何者で、その国づくりは、その後の日本の歴史と、どのようにつながっていったのだろうか。

この国の始まりにまつわる謎は、それだけではない。卑弥呼が活躍したのは三世紀だ。しかし、次の四世紀は、手がかりとなる記録が中国の歴史書から消えることから「空白の四世紀」と呼ばれている。困ったことに、当時の日本でどんな国づくりが行われていたのか、文献から確かめることができない。

ようやく、この国が歴史の表舞台に再び登場するのは五世紀。中国の歴史書『宋書《そうしょ》』倭《わ》国伝《こくでん》に突如、ヤマト王権を率いた「倭の五王」が現れる。そして、ヤマト王権の大きな特徴でありシンボルとなったのは、世界でも類を見ない巨大な墳墓「前方後円墳」だ。最も大きい大仙陵古墳の全長は、エジプトの大ピラミッドや中国の始皇帝陵を凌ぐ圧倒的スケールを誇る。

ヤマト王権は、地方豪族たちが居並ぶ中、いったいどのようにして抜きん出た力を手にしたのだろうか。そして、その絶大な力をもって、彼らは日本の原型をどのように形づくっていったのか。

このように古代史は、多くの謎とロマンで満ちあふれている。本書では、最新研究とグローバルヒストリーの観点から、この国のルーツにまつわる謎の数々に、新たな光を当てることを試みたい。

グローバルヒストリーとは、日本史や世界史という垣根を乗り越えて、地球規模のスケールでありのままの歴史を俯瞰《ふかん》しようという新潮流だ。これまでＮＨＫスペシャル取材班では、「戦国時代×大航海時代」「幕末×欧米列強」といったテーマを掲げ、グローバルヒストリーの観点から新たな歴史像を描いてきた。

今回は、弥生時代から古墳時代の日本と、中国や朝鮮半島の国々が織りなした激動の時代に焦点を当てる。一方、国内外の研究者に取材を行う中で、古代史には現在も様々な学説や、多様な解釈が存在することを改めて認識している。

文書記録が乏しい時代であるから、決定的なことはまだわかっていない。そのため、特定の説を支持する意図はない。それよりも、わずかな手がかりや考古学的痕跡から論理的で説得力のある議論を構築し、この国の始まりの謎を解き明かそうと苦心している研究者たちの努力と挑戦の物語が、本書から垣間見えたら幸いである。

ＮＨＫスペシャル取材班　夫馬直実・田邊宏騎

新・古代史――グローバルヒストリーで迫る邪馬台国、ヤマト王権　目次

校閲　髙松完子
図版作成　手塚貴子
DTP　センターメディア

古代日本と東アジアの動き

日本	朝鮮半島	中国	政治・社会
弥生時代	高句麗	秦	前221　秦の始皇帝、中国を統一（〜前 206）
		漢（前漢）	
		新	
		後漢	57　倭の奴国王、後漢に朝貢し、光武帝から印綬を授けられる
	楽浪郡／馬韓／辰韓／弁韓		147頃　「倭国乱」起こる
			184　後漢で農民の大反乱、「黄巾の乱」起こる
			188頃　倭の諸国、卑弥呼を共立し女王とする
		魏／蜀／呉	239頃　卑弥呼、魏の朝廷から、「親魏倭王」の称号を得る
			247?　卑弥呼没。大きな墓がつくられる
		西晋	266　倭の女王・壱与、西晋に朝貢
古墳時代	高句麗／百済／新羅／伽耶（加羅・任那）	五胡十六国／東晋	前方後円墳が出現。古墳時代が始まる
			391　倭、高句麗と戦う？
			413　倭、東晋に朝貢
		北魏／宋	421　倭王・讃、宋に朝貢
			438　倭王・珍、宋に朝貢
			443　倭王・済、宋に朝貢
			各地に巨大古墳が出現
			462　宋、倭王・興を安東将軍倭国王とする
			478　倭王・武、宋に朝貢
			527　筑紫君磐井が大きな戦乱を起こす
		隋	589　隋、中国統一
			592　推古天皇即位

（『詳説日本史図録』〈山川出版社〉、『標準世界史年表』〈吉川弘文館〉をもとに作成）

第1章

邪馬台国と古代中国

大陸から日本列島に渡ってきた人々によって、この国の歴史は幕を開けた。旧石器時代から縄文時代、弥生時代へと移行していく中で、当時の人々はどのような文化をつくり上げていったのか。

日本のあけぼのにおいて、最も有名な人物とされるのが邪馬台国の女王・卑弥呼だ。卑弥呼がどこで何をしていたのか、それがわかればこの国の成り立ちを解明できるかもしれない。

そのように考えた数多くの人を虜《とりこ》にしてきたのが、邪馬台国の所在地探しである。本章では、邪馬台国の所在地に関する研究がこれまでどのように行われてきて、そしてどこへ向かおうとしているのか、発掘調査や科学研究の経過と最前線を見ていく。

邪馬台国は海の中にある?

邪馬台国はどこにあったのか。この謎の発端は、「魏志倭人伝」と呼ばれる三世紀の中国で書かれた歴史書にある。この時代、日本列島では文字文化が十分に発達していたわけではなかった。そのため、文書記録はお隣の中国の歴史書に頼る必要がある。

当時中国では、歴代の王朝が自らの正当性を誇示するため、皇帝の命によって前代の王朝の記録を整理し、編纂する国家事業が行われていた。このうち、西晋《せいしん》の歴史家・陳寿《ちんじゅ》が編纂したのが『三国志』。魏書（魏志）三〇巻、蜀書（蜀志）一五巻、呉書（呉志）二〇巻で構成される。

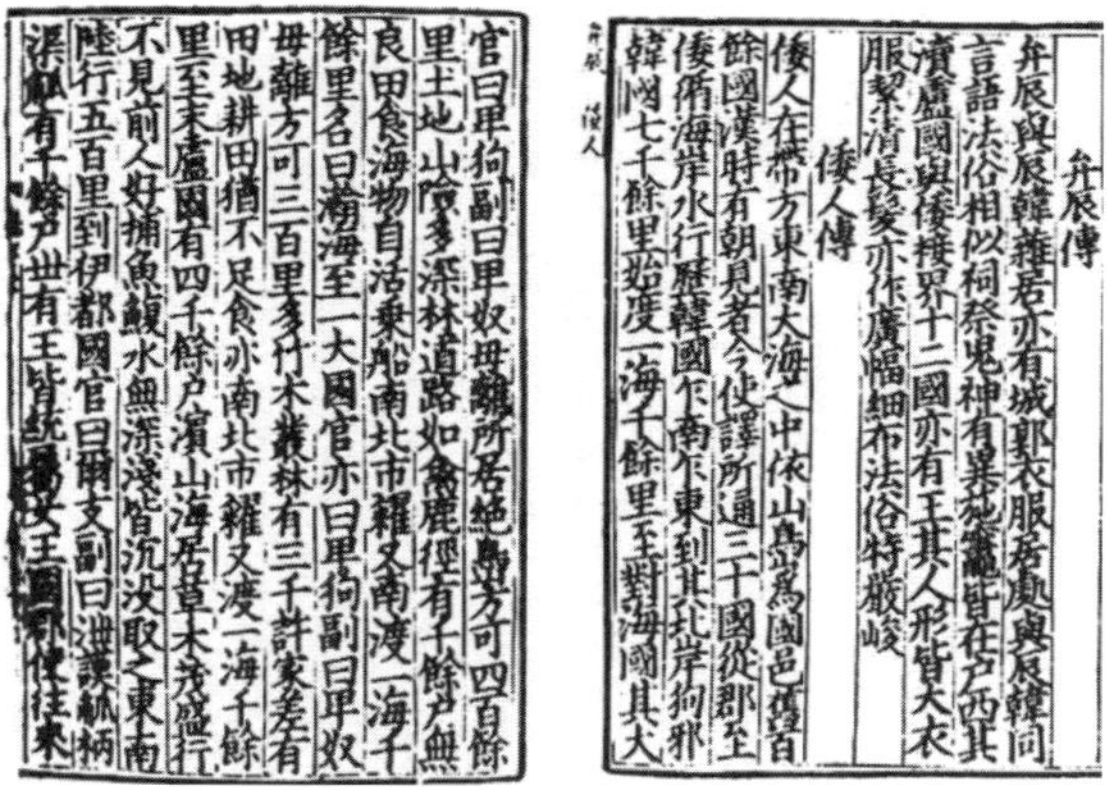

弁辰傳

弁辰與辰韓雜居亦有城郭衣服居處與辰韓同言語法俗相似祠祭鬼神有異施竈皆在戸西其瀆盧國與倭接界十二國亦有王其人形皆大衣服絜清長髮亦作廣幅細布法俗特嚴峻

倭人傳

倭人在帶方東南大海之中依山島爲國邑舊百餘國漢時有朝見者今使譯所通三十國從郡至倭循海岸水行歷韓國乍南乍東到其北岸狗邪韓國七千餘里始度一海千餘里至對海國其大官曰卑狗副曰卑奴母離所居絶島方可四百餘里土地山險多深林道路如禽鹿徑有千餘戸無良田食海物自活乘船南北市糴又南渡一海千餘里名曰瀚海至一大國官亦曰卑狗副曰卑奴母離方可三百里多竹木叢林有三千許家差有田地耕田猶不足食亦南北市糴又渡一海千餘里至末盧國有四千餘戸濱山海居草木茂盛行不見前人好捕魚鰒水無深淺皆沈沒取之東南陸行五百里到伊都國官曰爾支副曰泄謨觚柄渠觚有千餘戸世有王皆統屬女王國郡使往來

「魏志倭人伝」（写真提供：宮内庁書陵部図書寮文庫）

「魏志倭人伝」は、魏書（魏志）の中にある、魏から見た北辺や東海の国々を書いた烏丸鮮《うがんせん》卑東夷伝《ぴとういでん》のなかの倭人条《わじんのじょう》の部分に該当する。長くてややこしい説明になるため、一般的には通称で「魏志倭人伝」と呼ばれている。

文字数にすれば、およそ二〇〇〇。とりわけ、邪馬台国への道のりを記すのは、わずか八三文字である。この記録が、所在地を巡る論争の大きなきっかけとなってきた。

次の文章は、原文から邪馬台国への道のりに関わる部分を抜粋し、書き下し文にしたものだ（以下、「魏志倭人伝」の書き下し文、現代語訳はすべて、渡邉義浩『魏志倭人伝の謎を解く――三国志から見る邪馬台国』中公新書、二〇一二年より引用する)。

「郡より倭に至るに、海岸に循《したが》ひて水行し、韓国を歴《へ》、乍《あるい》は南し乍《あるい》は東し、其《そ》の北岸の狗邪韓国《くやかんこく》に到る。七千余里なり。

始めて一海を度《わた》ること、千余里にして対馬国に至る。」

「又 南に一海を渡ること千余里、名づけて瀚海《かんかい》と曰《い》ひ、一支国《いきこく》に至る」

「又 一海を渡ること、千余里にして末盧国《まつらこく》に至る。」

「東南に陸行すること五百里にして、伊都国《いとこく》に到る。」

「東南して奴国《なこく》に至る百里。」

「東に行きて不弥国《ふみこく》に至る百里。」

「南して投馬国《とうまこく》に至る、水行すること二十日。」

「南して邪馬台国に至る。女王の都する所なり。水行すること十日、陸行すること一月。」

邪馬台国の道のりは、朝鮮半島からはじまる。「郡より倭に至る」。郡とは古代、朝鮮半島の中部西岸に置かれた中国の郡名「帯方郡」のことを指す。倭とは、中国や朝鮮で日本

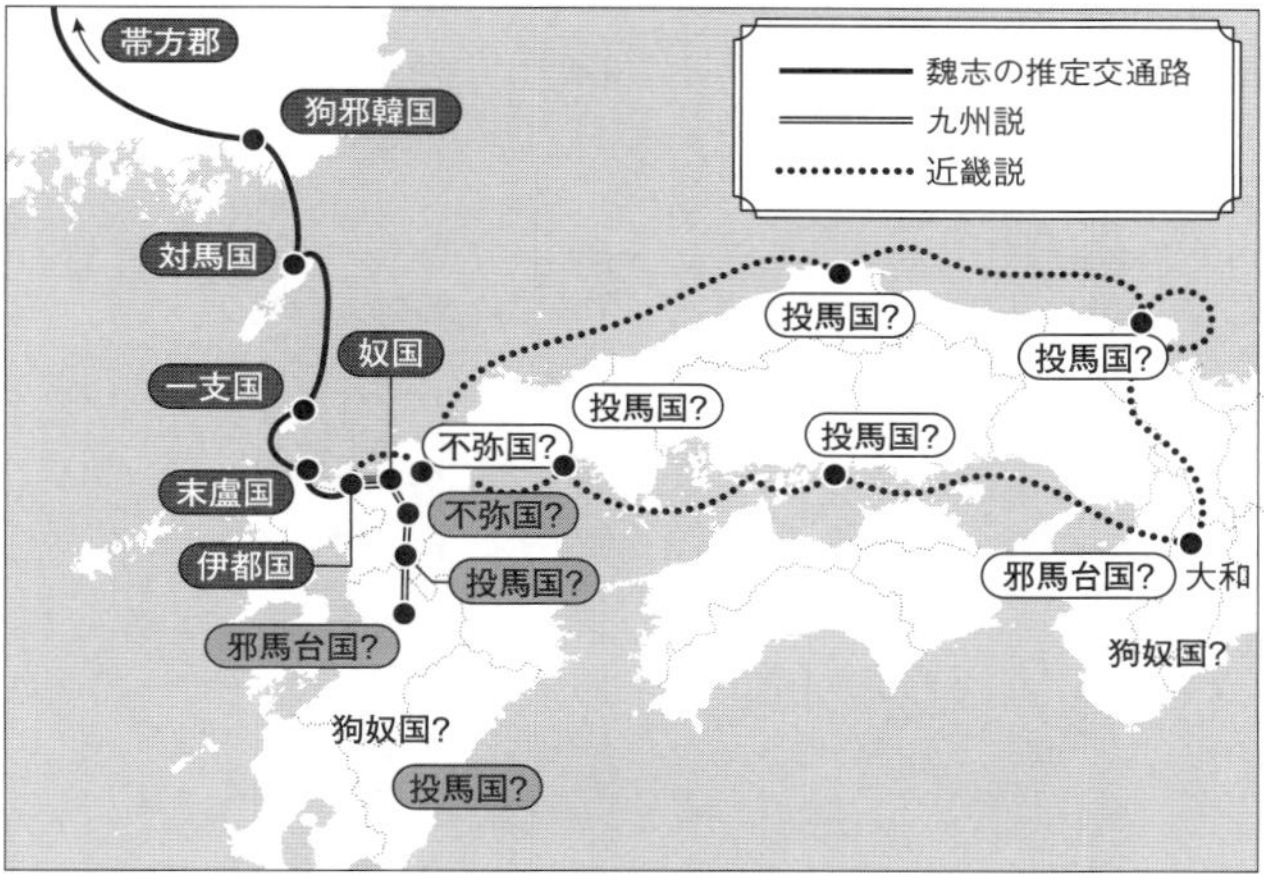

「魏志倭人伝」から推測される邪馬台国のルート図（『詳説日本史図録』〈山川出版社〉をもとに作成）

のことを呼んだ古称で、日本も七世紀以前は、通商上、倭を自称していた。「初めて海を渡ること千余里。対馬国に至る」。対馬国は、今も同じ名を持つ長崎県の対馬のことだと考えられている。「南に海を渡り一支国」「さらに海を渡り末盧国」。投馬国までの記述は、九州に上陸して、いくつかの国に立ち寄った様子とされている。

ところが、ここからの記述が読み手を混乱させることになる。「水行すること二十日」、さらに「水行すること十日、陸行すること一月」。つまり、南の方角にどんどん進んでいくと「邪馬台国に至る」というわけだ。

具体的な距離は、「魏志倭人伝」に

明記されていない。しかし、これだけの日数を南に進むとなると、九州をはみ出し、何もない海の中にたどり着いてしまうのではないかと考えられるのである。

日本史上最大のミステリー

いったい、これをどう解釈すればいいのか。江戸時代半ばには、すでに「邪馬台国論争」が勃発している。六代将軍・徳川家宣《いえのぶ》、七代将軍・徳川家継《いえつぐ》の侍講となり、江戸幕府を代表する学者であった新井白石《はくせき》が「魏志倭人伝」を読み解こうとしたことがきっかけだった。

白石は、所在地の謎を解くために方位と距離の記述を無視して、記された国名の読み方だけを手がかりにした。すると、一支国は壱岐《いき》、末盧国は松浦半島、伊都国は怡土《いと》郡といったかたちで、「魏志倭人伝」に記された国名が当てはまる。

こうして、白石が邪馬台国であると考えた場所が、奈良県の大和《やまと》だった。ヤマタイコクをヤマト地方と解釈し、『古史通或問《こしつうわくもん》』という著書で、近畿説を立ち上げた。

しかし、話はここで終わらない。後年、白石はもう一つ、ヤマトという地名を見つけてしまう。それは九州・福岡県の山門《やまと》。白石は、著書『外国之事調書《がいこくのことしらべがき》』で、さらに九州説を立ち上げることになるのである。

地名に着目し、推理した結果、図らずも近畿、九州の二ヶ所にスポットライトがあてられることになった。この二つの説をベースに、明治時代になると「邪馬台国論争」は学者の間で本格化することになる。一九一〇年（明治四三）、東京大学と京都大学の学者が真っ向から衝突したのだ。

「南して邪馬台国に至る。女王の都する所なり。水行すること十日、陸行すること一月」という一節をめぐって、異なる種類の書き間違いがあったという対立だ。東京大学で東洋史学の権威だった白鳥庫吉《くらきち》が注目したのは、「陸行一月」。「一月」が「一日」の書き誤りであると推理した。もし陸を進むのが一日であれば、九州から海へとはみ出さない。こうして、九州の中に邪馬台国があるとした。

白鳥の九州説に反論したのは、京都大学で東洋史学の権威だった内藤湖南《こなん》。二人は「東の白鳥庫吉、西の内藤湖南」などと言われ、以前からライバル関係だった。内藤は、書き間違いは日数ではなく、方角にあると考えた。「南」と書かれた方角が、「東」の書き間違いであると主張したのだ。邪馬台国は、瀬戸内海を東へ向かった近畿地方にあるとする説である。

戦後、この論争は国民的ミステリーへと拡大していくことになる。きっかけとなったのは昭和を代表する作家、松本清張《せいちょう》。邪馬台国を推理小説の題材として描き、謎解きの楽しさを広くアピールした。さらに同じ頃、邪馬台国探しをテーマにした本が五〇万部を超える大ベストセラーになった。著者は、長崎県の郷土史家である宮崎康平である。

宮崎は妻の和子と九州を実際に歩き、邪馬台国の所在地探しに挑んだ。「水行十日」は海ではなく、入り組んだ水路を進んだことで日数がかさんだためと考えた宮崎は、自らの故郷・長崎県島原こそ、邪馬台国であったと推理した。こうして一般の人々にも、邪馬台国の所在地論争は広く知れ渡ることになったのである。

不可解な記述ゆえにさまざまな解釈ができることから、邪馬台国の候補地は全国に広がっていった。出雲を中心とした山陰説や、岡山・吉備説、四国や沖縄……。じつに一〇〇を超える候補地が名乗りを上げている。

さらにはジャワ島やエジプトなど、海外を所在地とする説まで飛び出す始末。果たして、邪馬台国は一体どこにあったのか。それは、今も私たちを魅了してやまない日本古代史上最大のミステリーとなっている。

なぜ吉野ヶ里に古代史ファンが押し寄せたか

「邪馬台国論争」の起源を押さえたところで、次は、邪馬台国の候補地とされる現場でこれまでどんな調査が行われてきたのか。そして今、どんな研究が行われているのかを見ていく。

吉野ヶ里遺跡（写真提供：国営吉野ヶ里歴史公園）

まずは、九州説の候補地の一つである佐賀県の吉野ヶ里遺跡。弥生時代の遺跡の中でも、吉野ヶ里遺跡は佐賀県神埼《かんざき》郡の旧神埼町・旧三田川《みたがわ》町・旧東脊振《ひがしせふり》村の三町村にまたがった（現在は神埼市と神埼郡吉野ヶ里町にまたがる）国内最大級の遺跡だ。

大正時代から活発化した九州の考古学研究は、当初、おびただしい数の青銅器が出土する福岡地方に研究の焦点が置かれ、九州弥生文化の中心は福岡平野などの玄海灘《げんかいなだ》沿岸地方であると認識されていた。

ところが昭和に入ると、佐賀県を取り上げた調査報告が発表されることとなる。そのパイオニアと呼ばれるのが、神埼高校教師の傍《かたわ》ら吉野ヶ里遺跡の研究に生涯を捧げた考古学者・七田忠志《しちだただし》（一九一二～一九八一）だ。人骨、貝製腕輪、銅鏡、銅戈鋳型《どうかいがた》が複数出土する佐賀平野にも注目するよう訴えた。

そして昭和から平成に時代が移り変わる頃、吉野ヶ里の運命を大きく決定づける出来事が起こる。一九八〇年代、人口流出が起きていた佐賀県は、雇用を地元に確保しようと企業誘致を計画する。東京ドーム一四個分に及ぶ大規模工業団地である、神崎工業団地の造成計画だ。

工業用水や電源の取りやすさなど、様々な点を考慮して第一候補地とされたのが、佐賀県東部に広がる丘陵地帯。現在の吉野ヶ里遺跡が位置する場所だった。先の七田忠志の調査などによって遺跡が眠っているのではないかと言われていた場所でもあり、一九八六年(昭和六一)に三年の期限付きで発掘調査を開始し、その後は埋め戻すことが決まっていた。

発掘調査のリーダーに選ばれたのが、佐賀県教育委員会で文化財保護を行う七田忠昭さん。吉野ヶ里遺跡の発掘調査のパイオニアである七田忠志の息子にあたる。父の影響を受け考古学を志し、誰よりも吉野ヶ里に対する強い思いを持っていた。

調査を始めると甕《かめ》に入った人骨や、竪穴建物の痕跡が大量に見つかった。環濠《かんごう》を伴った大集落と、甕棺墓を中心とする墓地群がこの地にあったことがわかってきた。しかし、当時はいくら重要な遺跡でも、調査が終われば埋め戻されるのが普通だった。工業団地の起工式も予定通り行われ、工事が始まろうとしていた。

その最中の一九八九年（平成元）二月二三日、朝日新聞が一面で、「吉野ヶ里遺跡は『魏志倭人伝』の記述に対応する要素を持つ一級品の遺跡である」と報じたことで流れが変わっていく。発掘現場には報道直後から全国の古代史ファンが詰めかけ、地元市民からも遺跡の保存を訴える陳述書が提出されるようになったのだ。

佐賀県知事は、「吉野ヶ里フィーバー」の後押しを受け、工業団地の白紙撤回を表明した。一九八九年一一月発足の「吉野ケ里遺跡全面保存会」が集めた署名は、二〇万人分。こうして吉野ヶ里遺跡は、歴史公園として今に姿を留めることになった。

「魏志倭人伝」に記された卑弥呼の居所

工業団地として消えるはずだった吉野ヶ里遺跡を、保存へと一転させた「要素」とは何だったのか。発掘調査を率いた七田さんが指摘するのは、中国との強いつながりだ。

吉野ヶ里遺跡で見つかった環濠は、当時最大級の規模であり、敵に対して、防御力の高さを誇示するものだったと考えられている。一九八六年から八九年（昭和六一～平成元）にかけての発掘調査で、その環濠の内側である内郭《ないかく》には、数ヶ所の物見櫓《ものみやぐら》と目される高床建物跡を伴う突出部が確認された。これが、「魏志倭人伝」が卑弥呼の居所の情景として記す「宮室・楼観・城柵」の楼観に当たるものではないかと話題になったのだ。

環濠突出部にある物見櫓（写真提供：国営吉野ヶ里歴史公園）

卑弥呼の特徴や、卑弥呼が住んでいた場所についての「魏志倭人伝」の記述は、次の通りだ。

鬼道を事とし、能《よ》く衆を惑はす。年 已に長大なるも、夫婿《ふせい》無く、男弟有りて国を治むるを佐《たす》く。王と為りてより以来、見ること有る者少なし。婢千人を以て自ら侍《はべ》らし、唯《た》だ男子一人有りて飲食を給し、辞を伝へて出入す。居処の宮室は、楼観・城柵をば厳しく設け、常に人有り兵を持ちて守衛す。

鬼道〔巫術・妖術〕を行い、よく人々を眩惑した。歳はすでに年配であるが、夫を持たず、男の弟がおり国の統治を助けている。王となってより以来、（卑弥呼を）見たことのある者は少ない。婢千人を自分に

吉野ヶ里遺跡　北内郭のくいちがい門（写真提供：国営吉野ヶ里歴史公園）

侍らせ、ただ一人だけ男子がおり飲食を給仕し、言辞を伝えるために出入りしている。（卑弥呼の）いる宮室は、楼観（見張り櫓）と城柵を厳しく設け、常に人々がおり武器を持って守衛している。

さらに一九九二年（平成四）から翌年にかけて行われた、「北内郭」と呼ばれるエリアの調査でも同様の環濠突出部に伴う物見櫓跡や、鍵形に屈曲したくいちがい門跡が確認された。中世以降の城郭のくいちがい虎口《こぐち》を連想させるつくりであり、門の入り口を狭く、曲がった形にすることで、防御力を高める意図があったと考えられている。

環濠の出入り口とされる門跡でも、門の部分の環濠全体を外側に大きく突出させているものや、門両側の環濠先端付近を内外にずらしてくいちがい構造にしたもの、極端に入り口の幅を狭めたものなどが存在する。これまでの調査によって、外環濠は一世紀頃には掘削がされたと推定されていることから、すでにこの時期に特異な形態の門施設が存在していたと考えられている。

吉野ヶ里遺跡と中国とのつながり

こうした不思議な建築様式について、七田さんは次のような理由があったと述べる。

「吉野ヶ里遺跡は要所に中国の城の構造を取り入れている。そこには、自分たちは中国と外交を活発に行っているのだということを周囲に知らしめる意味合いが強くあったのだろうと思います」

七田さんは、吉野ヶ里遺跡で特徴的な環濠突出部や鍵形のくいちがい門は、漢・三国時代の中国の城壁に普遍的に付属する防御施設を強く意識したものであると考えている。吉野ヶ里集落の突出部と物見櫓のセットは中国城郭の城壁に付属する馬面《ばめん》(城壁から突き出た部分)や角楼(城の四隅にある見張り台)を、くいちがい門は甕城《おうじょう》(正規の城門の外側に設けられた半円形または方形の城壁)や護城墻《ごじょうしょう》(城を守る壁)を模倣して、中国の城郭景観に近づけようとしたのではないかという仮説だ。

中国・西安に残る明代の城壁、安定門（写真提供：PIXTA）

古代中国では、城郭に様々な防御施設が備えられていた。新石器時代に当たる仰《ぎょう》韶《しょう》文化期の陝西省《せんせいしょう》姜寨《きょうさい》遺跡では、平面円形にめぐる環濠にくいちがい門と平面コ字形の突出部が存在し、この頃すでに防御施設が出現していたことが示されている。

続く龍山《りゅうざん》文化後期に属する河南省《かなんしょう》王城《おうじょう》崗《こう》遺跡などでは、城壁の角が外側へ突出しており、後世の角楼を想起させる。春秋戦国時代斉《せい》国の都城である山東省《さんとうしょう》臨淄《りんし》古城では、数ヶ所の門部分の濠や城壁の跡が外側へ平面円形に突出するなど、後世の甕城の原型と考えられる。

そして日本の弥生時代に当たる漢・三国時代の城郭構造は、戦国時代に形成された基本構造に改良を加えながらそれらを踏襲しており、城壁には、一定の間隔をもって馬面、角楼が設けられていた。これらは、正面からだけではなく左右に展開する敵に対しても攻撃が仕掛けられる守城施設である。また、守城の要である門には、一枚目の門扉が破られても二枚目に達するまでに上部各所から攻撃が仕掛けられるように甕城や護城墻と呼ばれる防御施設が設けられていた。

こうした七田さんの研究を元にすると、吉野ヶ里遺跡は卑弥呼が登場する以前から中国と深いつながりを持っていたことになる。

中国の歴史書から見た邪馬台国九州説

では、いつから、どのように中国と深い関わりを持つようになったのか。その手がかりは「魏志倭人伝」よりも昔に書かれた中国の書物の中にある。

一世紀につくられ、前漢の歴史を述べた『漢書』地理志。そこには当時の日本列島の様子も記されている。倭人の社会は一〇〇あまりのクニに分かれ、朝鮮半島におかれた楽浪《らくろう》郡に定期的に朝貢していたという。

また、後漢の歴史書である『後漢書』東夷伝には、紀元五七年に倭の奴国の王の使者が、後漢の都である洛陽《らくよう》におもむいて光武帝《こうぶてい》から金印を授けられたことが記されており、江戸時代に福岡県志賀島《しかのしま》から発見された金印が、それだと考えられている。一〇七年には、倭国王の帥升《すいしょう》が生口《せいこう》一六〇人を安帝《あんてい》に献じたことが記されている。生口とは捕虜や奴隷などを意味する。

これらのクニは、倭国内での立場をほかのクニよりも高めようとして、中国にまで使いを送ったと考えられている。中国や朝鮮半島の先進的な文物を手に入れる上で有利な位置にあったとされ、地理的にも九州が倭国王の帥升がいた候補地と推測されてきた。

では、倭国王・帥升と吉野ヶ里はどのような関係だったのか。七田さんの指摘をまとめよう。

『後漢書』東夷伝を引用した『翰苑《かんえん》』という中国の百科事典には、「倭面上国王帥升」(「上」の字は「土」の誤記と考えられる)とある。『唐類函《とうるいかん》』や『北宋版通典《ほくそうはんつてん》』といった百科事典や政書にも「倭面土地王帥升」「倭面土王帥升」と記されている。

ここで「面土」という語句に注目して読み方を考察すると、「めと」と読めば古墳時代の行政区分に用いられた「米多《めた》」に通じ、さらには現在の佐賀県、上峰町米多《かみみねちょうめた》や、吉野ヶ里の「目達原《めたばる》」などの地名に引き継がれたと推測できる。

さらに『古事記』や『国造本紀《こくぞうほんぎ》』によると、佐賀は古墳時代には応神天皇曽孫の都紀女《つきめ》加王《かおう》を初代とする「筑紫米多国造」の本拠地となった土地であり、多数の前方後円墳からなる目達原古墳群が存在する。以上を踏まえると、次のようになる。

「倭面土王は、当時、国内最大級の環濠集落である吉野ヶ里集落を拠点としていた吉野ヶ里のクニの首長であった可能性がある。卑弥呼の大夫の難升米《なしめ》や、邪馬台国の次官弥馬升《みましょう》など、邪馬台国時代の倭や邪馬台国の高官の名に米（面）や升という文字を用いていることも、彼らが当地の有力氏族であったことを示しているのかもしれない」

「魏志倭人伝」に加え、『後漢書』東夷伝の記述を組み合わせ、邪馬台国九州説を補強しようとする読み解きである。こうした一連の調査研究が、これまで吉野ヶ里遺跡を取り巻く動向であった。

「謎のエリア」から出てきた弥生時代の墓

そこにさらなる動きが起きたのが二〇二二年（令和四）。吉野ヶ里遺跡において「謎のエリア」と呼ばれる場所の発掘調査が始まった。この場所には日吉神社があり、長年発掘できなかったのだが、神社が移転したことで一〇年ぶりの発掘調査が行われることになった。

調査区域は約四〇〇〇平方メートル。一二月、現場からは弥生時代に死者を葬った甕棺が次々に出土した。中に残されていたのは、弥生人の足の骨。卑弥呼の時代より古いものだった。

調査が終了した現在の石棺墓（写真提供：佐賀県）

その後も発掘作業は連日続けられたが、事態が急展開したのは二〇二三年（令和五）四月下旬。弥生時代後期のものと見られる石の棺「石棺墓《せっかんぼ》」が見つかったのだ。内部調査の開始前、山口祥義《よしのり》佐賀県知事は緊急記者会見を開き、見晴らしのいい丘陵地の頂上部にあり、墓を入れる穴が通常より大きいことなどを挙げて、石棺墓に埋葬されたのは「邪馬台国と同じ弥生時代後期後半から終末期の有力者とみられる」と大々的に発表した。

こうして、三〇年前の「吉野ヶ里フィーバー」同様に、邪馬台国と関連づけるかのような加熱した報道が相次ぐこととなった。埋葬されたのは卑弥呼なのではないか――。マスコミ各社、考古学ファンは、そのような期待をもって発掘調査を見守った。出土した石棺墓の蓋を持ち上げたところ、中は土砂で埋まっており、それを一日数センチずつ一週間かけて掘り下げていった。

結局、墓の主の特定につながる骨や副葬品は残されてはいなかった。一方で、棺をよく調べるといくつかの手がかりが見えてきた。

まずは、棺の幅。三六センチと狭いため、納められたのは女性など小柄な人物なのではないかと推測された。次に、墓の側面や底には赤い顔料の跡。有力者の墓でよく見られる特徴があった。そして、何より最大の特徴は、石棺墓の蓋にあると七田さんは指摘する。

「卑弥呼の時代の墳墓が見つかったこと自体が、一つの大きな成果です。中から鏡や刀といった目立つものは出てきませんでしたが、他に類を見ない石棺と言えます。特に蓋石に×印などの文様が複数ついていたことが非常に興味深いです。宗教的な人物が埋葬されていた可能性があるということで周辺の調査を進め、被葬者にたどり着けるような成果を出したいと思っています」

弥生時代の墓が見つかるのは、全国でも極めて珍しい。墓の蓋の大きさは全長二・三メートル、幅は六〇センチほどで、重さは四〇〇キロほど。過去に吉野ヶ里遺跡で見つかっているものの中で最大規模だ。しかも、「×」「キ」「卅」などのミステリアスな線刻が大きな蓋石一面に刻まれていた。なんらかの規則性を持っていると見られ、宗教儀式との関連が指摘されている。

「魏志倭人伝」にも、卑弥呼が行なった宗教儀式のことが記されている。「鬼道」という呪術の一つで、卑弥呼はその巫女として神の意志を聞き、これを背景に政治を司ったという。当時、中国では道教が鬼道と呼ばれ、同じような儀式をしていたとも言われる。

石棺墓に込められた意味

線刻の意味については、様々な見解が飛び交っている。例えば、生前強大だった死者の霊力を棺内に封じて復活を阻《はば》むための「呪文」とみなす説。蓋の石が四枚に分かれていることから、造墓時に割られたとの指摘がある。もしそうであれば、表面に刻まれた印にも、死者への畏《おそ》れが込められていたかもしれないという考え方だ。

それとは逆に、線刻には大事な遺体に外から邪悪なものを寄せ付けないようにする意味があったという意見もある。複数の人々がそれぞれ被葬者への思いを蓋に刻んだのではないか、などという人もいる。

二〇二三年（令和五）七月放送のクローズアップ現代「邪馬台国はどこに〜日本古代史最大のミステリーに迫る〜」で紹介したのは、線刻の模様を「星」と見立てる説だ。考古学を専門とする東海大学教授の北條芳隆さんと、国立天文台専門研究職員の高田裕行さんによると、近年、吉野ヶ里遺跡と天体の深い関わりが次々と解明されているという。

例えば、遺跡中央に位置する北内郭と呼ばれるエリアは、政治や祭祀が行われた重要な場所とされている。その中心を貫く線を延ばすと、吉野ヶ里が最盛期を迎えていた西暦二〇〇年代前半の、冬の満月の出の位置と一致した。冬の満月は高度が高いため、文字文化が十分に発展していなかった日本列島において、その満月を道しるべに、稲作の作業や祭りの時期を把握しようとしたのではないかと考えられている。

石棺墓の蓋に刻まれた線刻と天体との関係をさらに読み解く上で、大きな役割を果たしたのが、画像データの解析技術を使った新しい研究だ。近年の考古学調査では、発掘されたものを様々な角度から写真に収め、専用のソフトに取り込むことで3Dデータを作成している。

石棺の3Dデータを元に鹿児島国際大学教授で情報考古学が専門の中園聡さんが、線刻の色や陰影の向きを変え、肉眼では見えにくい線刻をコンピューター上で可視化。そうして蓋石の表面を詳細に観察したところ、四枚のうち二枚の蓋石にまたがった線刻や風化の痕跡が確認された。つまり、その二枚はもともと一枚の石だった可能性が極めて高いことが浮かび上がったのだ。

詳しい分析を、北條さんと高田さんが進めたところ、「ある天体のイメージ」が見えてきた。織姫（ベガ）と彦星（アルタイル）で有名な「夏の大三角」だ。

弥生時代の星空を再現したシミュレーションと見比べてみると、蓋に刻まれた線刻は夏の夜空に浮かぶ星々と次々に一致した。ベガとアルタイルを分かつように流れる銀河「天の川」や、天の川の中心を貫く帯状の暗い領域「暗黒帯」もきちんと再現されているという。

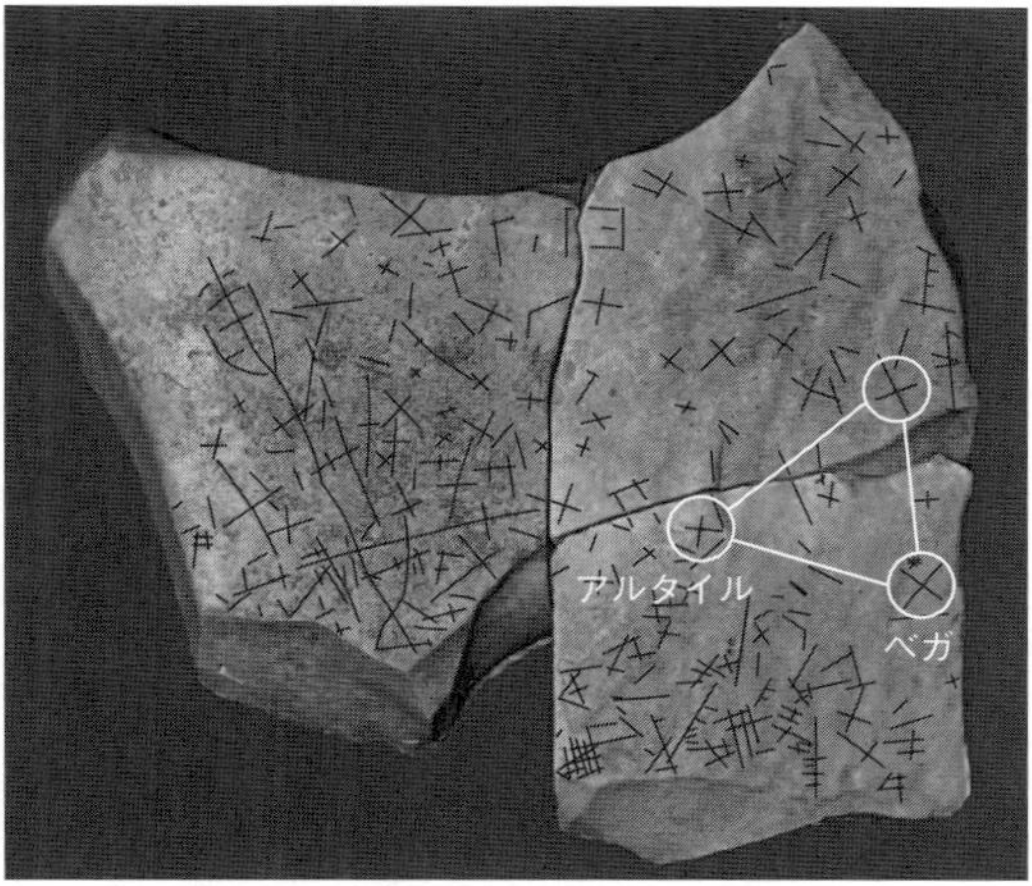

蓋石の線刻。夏の大三角のイメージ（写真提供：佐賀県）

その後、さらに調査が進むと、四枚のうち三枚がもとは一枚の石だったことが判明した。果たして、石棺墓にはどのような意味があり、誰が埋葬されたのか。

国立歴史民俗博物館教授を務めた故・松木武彦さんは、「邪馬台国が栄えた時代では、トップクラスの権力者は木の棺である『木棺』に入る。今回出てきたような石棺はセカンドクラスの人物が埋葬されるものであり、社会階層としてはそれほど高位の人物ではないと思う。けれども、石棺の蓋に異常なまでの線刻がついていたことから、社会階層は高くないけれど、個人的な資質とか特異なキャラクターを持った人物が埋葬されていたと考えられる」と語る。

日本は酸性土壌のため、人骨や衣服などの有機物は分解され、残りにくい。ただ、銅鏡や刀などの金属類は残っていても不思議ではなく、最初から副葬されていなかったとも考えられる。そうしたことを勘案すると、クニを治める首長クラスの墓ではないのか――。佐賀県も、立地状況や墓内の状況などから「階層はわからないが有力者の墓」と今回の発見を評価した。

吉野ヶ里のリーダーの墓はどこか

しかし、そうなるとさらなる謎が出てきてしまう。吉野ヶ里集落を治めたリーダーの墓は一体どこにあるのかという問題である。史上最大規模の環濠集落を誇る吉野ヶ里集落には、「王」と呼べる存在がいたはず――。とするならば、彼らはどこに埋葬されたのか。最後に残されていた「謎のエリア」にも、それが見当たらないという不思議な事態に陥ってしまうのだ。

吉野ヶ里遺跡の調査を長年行ってきた七田さんは、次のように語る。

「大規模環濠集落に発展し、随所に中国の城郭都市的な景観を取り入れた吉野ヶ里集落に、地域全体をまとめる首長が不在であったとは到底考えられない。周辺の有力集落から共立され吉野ヶ里集落に君臨した首長は、役割を終えるか死亡したら出身集落の墓地に、漢鏡《かんきょう》（中国製の銅鏡）や鉄製素環頭大刀《そかんとうたち》を添えて葬られた可能性が高いと考えている」

王は、吉野ヶ里遺跡の周辺の衛星集落から「共立」され、役割を終えると吉野ヶ里を去って出身地で葬られたという解釈である。確かに、吉野ヶ里遺跡の周辺につくられた弥生時代墓地の甕棺墓や土坑《どこう》墓、箱式石棺墓からは、漢鏡や鉄製素環頭大刀などの武器が出土している。

その中でも、七田さんは同じ佐賀平野やその周辺にある二塚山《ふたつかやま》遺跡、三津永田《みつながた》遺跡などの鏡や鉄器を持つ墓が、吉野ヶ里集落を治めたリーダーが埋葬された候補地と考えている。二塚山・三津永田の両遺跡では、前漢から後漢の長期間にかけての中型・小型の漢鏡が副葬され続けていた。特に三津永田遺跡の104号甕棺墓棺内から出土した「流雲文縁《りゅううんもんえん》獣帯鏡《じゅうたいきょう》」と呼ばれる鏡は、王莽《おうもう》（紀元前四五～紀元後二三）時代に製作されたと考えられ、棺外には素環頭大刀が添えられていた。

また、遺跡から出土した墓の大きさやサイズを検証すると、興味深い考察もできるという。棺には成人用と、サイズの小さな小児用のものがある。その出土数の比率は遺跡ごと

三津永田遺跡の甕棺墓棺内から出土した流雲文縁獣帯鏡と棺外に添えられていた素環頭大刀（写真提供：佐賀県）

に差があり、上峰町の二塚山遺跡では、成人用：小児用＝八四：一六、同じ上峰町の船石南遺跡では五〇：五〇、吉野ヶ里遺跡では六六：三四となる。二塚山遺跡の子どもの死亡率が低いことが見て取れる。

二塚山遺跡には中国製の銅鏡や鉄製武器、装身具など貴重な品々が多く副葬されていたことからも、この墓地に埋葬された集団には、歴代中国との外交に深く関わるなどクニをまとめる役割を持った階層の人が多く、集団の栄養状態や集落の衛生状態が良好であった可能性が高いと考えられるのだ。吉野ヶ里集落を率いた王は、周辺の集落から共立されたという仮説を補強する調査研究である。

これらの遺跡は未発掘地域が広範囲に存在するため、今後の展開は発掘調査次第と言え

纒向遺跡全景（写真提供：桜井市教育委員会）

る。吉野ヶ里周辺の遺跡に卑弥呼は埋葬されているのか。邪馬台国につながる手がかりはあるのか。今後も邪馬台国九州説の進展が期待されている。

纒向遺跡の発見

次の邪馬台国の謎に迫る試みは、近畿説。舞台は奈良県、纒向《まきむく》遺跡だ。纒向とは奈良盆地の南東部、三輪山《みわやま》の北西部一帯を指す地名であり、現在の桜井市に位置する東西約二キロ、南北約一・五キロの広大な遺跡である。

纒向の由来は『日本書紀』にまで遡る。第一一代垂仁《すいにん》天皇の営んだ宮である纒向珠城《たまきの》宮《みや》、第一二代景行《けいこう》天皇が営んだ宮である纒向日代宮《ひしろのみや》の伝承だ。『日本書紀』によると、垂仁天皇の時、野見宿禰《のみのすくね》と当麻蹴速《たいまのけはや》とが天皇の前で初めて相撲をとったとされていることから、相撲発祥の地としても知られている。

このように纒向が、天皇のルーツにつながるヤマト王権の成立に深く関わる土地であることは古くから言われてきた。しかし、邪馬台国との関係性をうかがわせる考古学的調査が行われたのは近年になってからである。

纒向遺跡の発見は、一九三七年(昭和一二)に地元の研究者である土井実が雑誌『大和《やまと》志《し》』に多数の土器の出土を報告したことに始まる。その頃の纒向遺跡は「太田遺跡」や「勝山遺跡」と呼ばれ、小規模な遺跡群の一つとして、特別に注目を集める存在ではなかった。

ところが、一九七〇年代、地元の雇用促進のため、県営住宅建設および小学校の建設計画が持ち上がったことで事態は大きく動く。

一九七一年(昭和四六)から橿原《かしはら》考古学研究所による事前調査が開始され、その結果、予想もしない遺構群が検出されたのだ。古墳時代初頭の建物跡や祭祀遺物を捨てた多数の土坑に加えて、巨大な水路網が現われたのである。

調査を率いたのは考古学者の石野博信。広範囲にわたって遺物の分布調査を実施した。弥生時代後期の環濠集落や高地性集落が解体し始めた時期に、忽然《こつぜん》とつくられた大規模遺跡であるとし、新たな遺跡範囲を定めて纒向遺跡と命名したのだ。

以来、数百回の発掘調査が繰り返され、纒向遺跡には、他の地域では見られない特徴が多くあることがわかってきた。例えば、「日本最古のベニバナ染め工房」。纒向遺跡の第六一次調査では、三世紀前半の溝からベニバナの花粉が見つかった。これまでの発見例では、六世紀後半につくられた奈良県斑鳩町《いかるがちょう》の「藤ノ木古墳」が最も古いと言われていた。それより三〇〇年も前に、すでに纒向ではベニバナ染めが行われていた可能性が出てきたのだ。

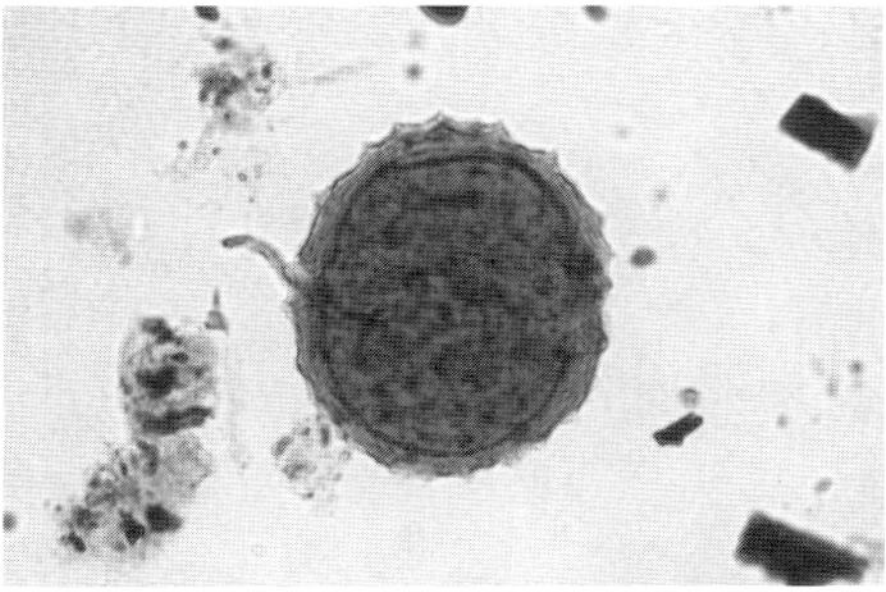

ベニバナの花粉（写真提供：桜井市教育委員会、撮影：金原正明）

　ベニバナは染料や漢方薬、紅《べに》などに用いられるが、纒向遺跡で発見されたベニバナはその花粉量の多さから、溝に流された染織用の廃液に含まれていたのではないかと考えられている。ベニバナはもともと西アジアからアフリカ原産で、日本には自生していない。大陸からベニバナとともに技術者が招かれ、工房が開かれたのではないかと推測されている。

　ほかにも、遺跡の中心にある三世紀中頃の溝の土から、日本で自生しないバジルの花粉も見つかっている。バジルはインドや東南アジアなどが原産。見つかった花粉は、国内最古のバジルの存在を裏づけることになる。弥生時代、中国を介して広大な交易

卑弥呼の王宮と呼ばれる巨大な建物跡（写真提供：桜井市教育委員会）

網が築かれていた可能性が浮かび上がってきたのだ。

巨大な建物群は卑弥呼の王宮か

そして二〇〇九年（平成二一）、驚くべきものが発掘された。巨大な建物群があったことを示す柱の穴だ。そこから推測すると、建物の広さは一四四畳分にも及ぶことがわかった。柱の穴の形も特別だという。等間隔に並ぶ四角い穴。この時代、通常は丸い穴が使われることから、この建物が何か特別な場所だった可能性が示されている。

さらに、この巨大な建物に連なる四つの建物群が東西に一直線上に整然と並んでいることも判明した。これほど緻密な設計かつ大規模な建築は、当時の日本中どこを探してもほかには見つかっていない。こうした発見から「卑弥呼の館発見か⁉」とメディアで大きく報じられることになった。

纒向遺跡の発掘調査を長年にわたり行ってきた桜井市纒向学研究センター所長の寺沢薫さんは、発掘された巨大な建物群を卑弥呼の王宮と呼び、次のように評価する。

「弥生時代から古墳時代にかけて最大規模の大きな建物であり、まさに王道の正殿と言ってもいい建築物なので、私たちは卑弥呼の王宮と呼んでいる。非常に特徴的なのは建物四棟が一直線に並ぶこと。東西の軸線の上に建物群が全部きれいに乗っている。ここから、どうやら太陽の運行、日の出と日の入りを認識して、その方向に建物を並べたことが推測される。中国から、都をつくるために必要な方角や尺度を含む土木技術を取り入れてつくられたのではないかとも考えられる」

翌二〇一〇年(平成二二)の発掘調査でも、不思議なものが出土した。桃の種だ。その数は、なんとおよそ二七〇〇個。未成熟のものが多く含まれていたことから、食べるためではなくなんらかの儀式に使ったのではないかとも考えられている。

先に述べたように、「魏志倭人伝」によると卑弥呼は鬼道と呼ばれる呪術的な力で人々を治めたとされる。当時、中国では道教が鬼道と呼ばれていたが、道教において桃は神聖で特別なものとされてきた。そうした関連性から、出土した桃は卑弥呼の鬼道に使われたものなのではないかと推測されているのだ。

土器による調査研究につきまとう限界

果たして、纒向に住んでいた権力者こそが、卑弥呼なのだろうか。纒向遺跡がつくられた時期を詳細に探り、核心に迫ろうとする研究が始まっている。

名古屋大学大学院環境学研究科（古気候学グループ）教授の中塚武さんは、これまでよりも精密な年代測定法を開発し、一年単位で年代を割り出すことを可能にした。中塚さんは精密な年代測定の意義を次のように述べる。

「纒向遺跡の日本考古学における位置づけに鑑《かんが》みると、本遺跡の各々の遺構、特に布留《ふる》0式の土器が出土する遺構の暦年代が何年になるかは、極めて重大な意味を持つ。それは、概《おおむ》ね三世紀後半であると考えられてきたが、近年の布留0式土器の付着炭化物の放射性炭素年代測定からは、その年代が三世紀半ばまで遡る可能性が指摘され、より正確な年代決定が期待されている」

「布留0式」とは、土器の形状の一種で、古墳時代前期を示す「布留式」と、弥生時代後期を示す「庄内式」の移行期につくられたもののことを言う。土器がいつつくられたかは、考古学にとって極めて重要な意味を持っている。文字記録がない時代の歴史は、遺物が古いか、新しいかで年代を組み立てていくことになる。縄文時代以降は土器がつくられるようになるため、この土器が手がかりとなるのだ。

そして、土器の年代を知るためには、出土した土器がどの地層から出たものかという情報が大切になる。なぜなら、人の手が加えられていないのであれば、下の層より上の層から出土したもののほうが新しいだろうという考え方があるからだ。

この考えに従って、いろいろな遺跡で共通する層を見つけ、その層に含まれる土器と、その上下の層に含まれる土器を比べて相対的な並び順を決めていく。こうして調査を積み重ね、判明した土器の並び順＝年表のことを「土器編年表」という。しかし、こうした原理でできていることから、土器編年を遺構の詳細な年代の特定に用いるのには限界があった。

出土した木材をもとに年代を特定する

それを補う手法として、考古学調査で導入されたのが「放射性炭素年代測定」だった。大気中に豊富に存在する窒素14に宇宙線が作用すると、炭素の放射性同位体の一つである炭素14が恒常的につくられる。このことを利用して、物体の年代測定を行う方法である。わかりづらいと思うので、簡単に説明してみよう。

発生した炭素14は、大気中の酸素と結合して放射性二酸化炭素となり、光合成によって植物に取り込まれ、さらには植物を食べた動物に取り込まれることになる。動植物の活動が止まると、炭素の供給が止まる。個々の炭素14はやがて放射性崩壊を起こして別の核種に変わるため、動植物から炭素14は減る一方となる。すなわち、木切れや骨片などの試料に含まれる炭素14の量を測定すれば、元となった動植物がいつ活動を停止したのかを知ることができるのだ。

放射性炭素年代測定は、一九四〇年代後半にシカゴ大学のウィラード・リビーを中心に研究開発され、それによってリビーは一九六〇年、ノーベル化学賞を受賞した。考古学では、この放射性炭素年代測定によって、土器に付着した穀物や植物の種などの詳細な年代を特定しようと試みてきた。しかし、放射性炭素年代の測定結果には、何らかの誤差が含まれてしまうため、放射性炭素年代だけで最終的な結論に至ることは難しく、別の年代測定法による多角的な検証が求められてきた。

その際、注目を集めてきたのが「年輪年代法」と呼ばれる測定法だ。樹木の年輪は毎年形成され、その年ごとの生育環境を反映して、年輪の幅に差を生じさせる。この年輪幅を多数の資料に基づいて過去に遡って測定することで、基準となる暦年の確定した年輪変動パターンを作成。伐採された年代が不明な資料の年輪幅と比較し、年輪パターンが合致する箇所を見つけ出すことができれば、年代の推定が可能となる。

こうした年輪年代法の原理は、二〇世紀の初頭、アメリカの天文学者ダグラスが気候変化と太陽の黒点活動の周期性の関係を過去に遡って見つけようとする中で発見したものだ。

その後、一九三〇年以降、アメリカやヨーロッパで本格的な研究が開始され、現在では世界各地で研究が進められている。日本においては、一九八〇年代から研究が活発化し、ヒノキやスギに関しては、今から三〇〇〇年前まで遡ることができる基準パターンがつくられている。

しかし、年輪幅に基づく年代推定にも、制約が存在した。確定している基準パターンが日本の場合、ヒノキやスギなどの一部の針葉樹だけであり、それ以外の木材に対しては年代を測定したくても、この方法は利用できない。

さらにまた、日本では樹木が密生しているため、日照のばらつきが大きく（ある木材は日陰で育ったなど）、年輪幅の変動パターンは個体ごとに相関が低くなる。そのため、十分な精度で年代推定を行うには、統計学的には一〇〇年を超える年輪数が必要となる。

これらの制約から、年輪年代法の対象となるのは、ヒノキやスギからなる大型建築物の構造材などに限られてしまう。そして、そうした木材は纏向遺跡をはじめとする弥生・古墳時代の遺跡からは簡単に出土しないことなどから、調査研究が十分に進んでいるとは言えない状況にあった。

古気候学で迫る纒向遺跡の真相

そこで脚光を浴びるのが、先の中塚さんが開発した「酸素同位体比年輪年代法」である。木材の年輪に含まれるセルロースの酸素同位体比を、年輪幅の代わりに指標とする方法だ。「酸素同位体比年輪年代法」の詳細については、『気候適応の日本史――人新世をのりこえる視点』（中塚武、吉川弘文館、二〇二二年）や『纒向学の最前線』（桜井市纒向学研究センター、二〇二二年）が詳しい。ここではその概要を科学用語について補足しながらおおまかに紹介する。

まずは「酸素同位体」について。同位体とは、同じ種類の原子だけれども、中性子の数が異なるため重さが異なる原子のことを指す。酸素の場合は、重さが16・17・18の「安定同位体」がある。安定同位体とは、安定的に存在し続ける同位体のこと。木材の主成分であるセルロースは酸素と水素と炭素でできており、この中に含まれる酸素18の酸素16に対する比を「酸素同位体比」と呼んでいる。

なぜ酸素同位体に注目するのかというと、植物の仕組みと深い関係がある。セルロースは植物の葉の中で光合成によってつくられるため、一年ごとの年輪に含まれるセルロースの酸素同位体比は、葉の内部の酸素同位体比の変動を反映したものとなる。

葉には雨などの水分が幹や茎を通して運び込まれ、その水分が気孔という箇所から大気中に水蒸気として戻っていく仕組みがある（蒸散と言う）。この時、ポイントとなるのが、同位体の中で最も軽い酸素16からなる水の蒸散が優先されることである。

例えば、よく晴れた日には植物の水分は気孔から活発に大気へ蒸散し、葉の内部には同位体の中で重い酸素18が取り残されることになる。つまり、葉の内部の酸素同位体比が高くなる。それとは対照的に、雨の日には大気中の湿度が相対的に高くなるため、植物の水分は蒸散しにくくなる。それは酸素16の変動が少ないことを意味する。こうして晴れている日に比べ、雨の日は葉の内部の酸素同位体比は低くなるのだ。

天候や湿度など気象の変化という要因のみで、植物に含まれる酸素同位体比が変動する仕組みは、年代分析において極めて重要な意味を持つ。従来の年輪年代法を思い出してみると、樹木の種類や個体の違いや成長環境の良し悪しなど、様々な変数を加味しなければならなかった。

それに対して酸素同位体比年輪年代法は、気象の変化のみに注目するため、年輪年代法の障害となっていた変数を気にしなくて良い。だから、あらゆる樹木で年代分析を行うことが可能になったのだと中塚さんは語る。

「年輪の幅だと、例えば樹種が違ったら、その変動パターンが全く違うので、異なるサンプル間でパターンをマッチングさせて木材の年代を決めようとしても、なかなかうまくいかないんですね。特に広葉樹に関しては一切できなかったんです。ところが、酸素同位体比年輪年代法を使うと、針葉樹の木材を使って決めた酸素同位体比の変動パターンをそのまま広葉樹の木材の変動パターンと比べられます。年代をぴったり、一年単位で決められるんです」

ここまでが酸素同位体比年輪年代法のおおまかなメカニズムだ。もちろんこれだけで年代測定はできない。このメカニズムをもとに、基準となるデータセットをつくらなければならない。

中塚さんは十数年の歳月をかけて、日本列島の木材に含まれる酸素同位体比を徹底調査。古代に遡って気候の変化を調べ上げ、過去二六〇〇年分のデータセットをつくることを成し遂げた。そうした研究の蓄積を持って、今回の纒向遺跡の年代調査に挑んだのである。

遺跡の九八パーセントが未発掘

中塚さんは纒向遺跡を訪れ、出土した木材の調査を行った。計測するのは、纒向の都の建築資材として使われたと見られる木材。その年代を特定することで、卑弥呼とのつながりを探ろうというのだ。

「魏志倭人伝」によると、卑弥呼が中国の皇帝から親魏倭王の称号を得たとされるのは、二三九年。果たして、纒向遺跡の木材は、卑弥呼が活躍した年代のものなのか。

すでに年代がわかっているパターンと、纒向の木材のパターンを比較し、それが古代から現代までのどこに当てはまるかを探っていく。纒向から出土した木材からセルロースを抽出して分析機にかけると、一致したのは三世紀。さらに年代を細かく絞り込むためには、木材が伐採された年を表す、年輪の一番外側に注目する必要がある。

今回、計測を行った木材は、幸いなことに樹皮がついていたため、木材が加工されるなどして、年輪の外側が欠けている可能性を排除できた。すなわち、次ページのグラフで実線の右端が年輪の一番外側、木材が伐採された年となる。それは、二三一年。卑弥呼が親魏倭王となる八年前にあたる。卑弥呼が生きていた時代と合致したのである。

木材の年代が細かく絞り込まれたことで、その木材が使われていた地層の年代も絞り込まれることになる。これまでの発掘調査の成果と重ね合わせると、この頃、纒向遺跡の建設は本格的に進んでいたことが浮かび上がってきた。

「年輪数が三〇年以上あったら年代を決められる可能性があると我々は考えています。纒

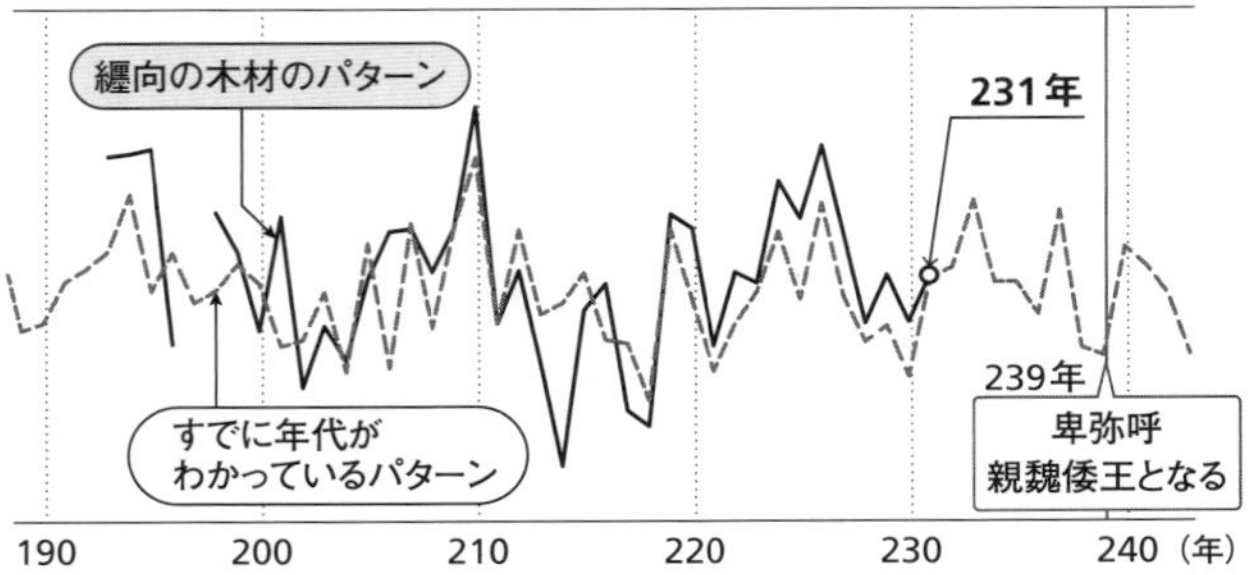

纒向で出土した木材の年代測定「酸素同位体比年輪年代法」（データ提供：「Nakatsuka et al. 2020, Climate of the Past, A 2600-year summer climate reconstruction in central Japan by integrating tree-ring stable oxygen and hydrogen isotopes」および「Nakatsuka et al. Unpublished Data」）

向から出てきた木材の中で三〇年に達するものは一点しかなかったんですが、非常にきれいに我々の持つ、年代が決まった酸素同位体比変動パターンにぴったり当てはまったんです」

中塚さんは、纒向遺跡に関する分析の精度を、今後さらに高めていく必要があるとしている。酸素同位体比年輪年代法には、通常、年輪数が三〇年程度以上は必要だが、纒向遺跡で調査できた出土杭材の中で年輪数が三〇年を越えているものは一個体しかなく、その他の多くの杭材の年輪数は二〇年に至らなかったためだ。サンプル数を増やすことができれば、より広範囲で纒向遺跡がつくられた年代を特定することが可能になる。

今後の発掘調査に期待すると同時に、中塚

さんは、さらなる分析手法の開発にも力を入れている。年輪数が三〇年より少なくても年代の特定を可能にする手法である。現実問題として、年輪数が三〇年を越える大きな木材などは、後の時代に再利用される可能性が高いため、なかなか出土しない。この手法が開発されれば、一気に年代分析が進むことが予想される。

しかし一方で、広大な纒向遺跡は、いまだ全体の二パーセントしか発掘が進んでいないという課題もある。現在、桜井市纒向学研究センターの寺沢さんは、纒向遺跡の資料価値を伝えるガイダンス施設の設置や史跡整備を急ぎたいと、行政へ働きかけている。

纒向遺跡は、吉野ヶ里遺跡のような整備された歴史公園になっているわけではない。多くの人が訪れ、楽しめる施設があってこそ遺跡は後世に引き継がれ、発掘調査を継続して行っていくことにつながる。

邪馬台国、ひいては日本という国の始まりの謎を解くことができるのか、纒向遺跡をめぐる今後の動向に大きな期待が寄せられている。

第2章　最新研究で迫る邪馬台国連合

前章では、佐賀県・吉野ヶ里遺跡、奈良県・纒向遺跡といった邪馬台国の有力な候補地とされる現場で、どのような研究が行われてきたかを見てきた。本章では、邪馬台国を中心に構成された「邪馬台国連合」についても、現在どのような調査研究がなされているかを確認していく。

当然ではあるが、現在の日本という国は、日本列島全体および南西諸島を指す一つにまとまった国である。しかし、過去に遡れば、日本列島の各地には多数のクニグニが存在した。それが、いつの時代から一つの国へとまとまろうと動き始めたのか。その原動力となったのはいったい何だったのか。「邪馬台国連合」が誕生する過程から、その謎に迫っていく。

邪馬台国連合をなした国々とは

「魏志倭人伝」によると、邪馬台国は三十余のクニグニ、すなわち、対馬《つしま》、一支《いき》、末盧《まつろ》、伊都《いと》、奴《な》、不弥《ふみ》、投馬《とうま》、斯馬《しま》、巳百支《しはき》、伊邪《いや》、都支《とき》、弥奴《みな》、好古都《ここと》、不呼《ふこ》、姐奴《そな》、対蘇《つそ》、蘇奴《そな》、呼邑《こお》、華奴蘇奴《かなそな》、鬼《き》、為吾《いご》、鬼奴《きな》、邪馬《やま》、躬臣《くし》、巴利《はり》、支惟《きい》、烏奴《うな》、奴《な》といった諸国の頂点に立つクニであったとされる。

そして、これらのクニグニがまとまったものが、邪馬台国連合だ。「魏志倭人伝」には、それぞれのクニの役割や、そこで導入されていた制度についても記されている。

租賦《そふ》を収むるに、邸閣《ていかく》有り。国国に市《いち》有り、有無を交易し、大倭《だいわ》をして之を監せしむ。女王国より以北には、特に一の大率《だいそつ》を置き、諸国を検察せしむ。諸国　之を畏憚《いたん》す。常に伊都国に治し、国中に於て刺史の如く有り。王　使を遣はして京都《けいと》・帯方郡・諸韓国に詣《いた》らしめ、及び郡の倭国に使ひするや、皆　津に臨みて捜露《さうろ》し、伝送の文書、賜遺《しい》の物をして、女王に詣《いた》り、差錯《ささく》あるを得ざらしむ。

租と賦を収納するために、邸閣〔倉庫〕がある。国々には市があり、有無を交易し、大倭にこれを監督させている。女王国〔邪馬台国〕より北には、特別に一人の大率を置き、諸国を監察させている。諸国は大率を恐《おそ》れ憚《はばか》っている。（大率は）常に伊都国を治所とし、倭国の内で（の権限は中国の）刺史のようである。女王が使者を派遣して京都（洛陽）・帯方郡・諸韓国に至らせるとき、および帯方郡が倭国に使者を送るときにも、みな（大率が）津《しん》で臨検して確認し、伝送する文書と、下賜された品物を、女王に届ける際に、間違えることのないようにさせる。

邪馬台国連合の一角をなす伊都国には、諸国を検察するため常駐していた「一大率」という官が特置されており、諸国はこれを畏憚していたと伝えられている。また、国中には古代中国の地方官である刺史に類する官があった。魏の都、洛陽や帯方郡などに使者を派遣する場合や、帯方郡の使者が倭国を来訪した際には、船着場で捜査し、文書や物資を女王のもとに伝送するのに誤りがないようにしていたと考えられている。

さらにクニグニには市があって、物資の交換取引を監督する「大倭」と呼ばれる役人がいた。邪馬台国連合には高度な官位制が取り入れられており、小さなクニグニがまとまり、政治体制を運営していた様子がうかがえる。まさに、私たちの国がどのようにまとまり、発展してきたのか、そのルーツを邪馬台国連合から垣間見ることができるのだ。

なぜ『日本書紀』に卑弥呼が登場しないのか

では、いったい邪馬台国連合を構成していた勢力とはどのようなものであったのか。高校で用いられる歴史教科書『詳説日本史』(山川出版社、二〇二三年)には次のようにある。「近畿説をとれば、すでに3世紀前半には近畿中央部から九州北部におよぶ広域の政治連合が成立していたことになり、のちに成立するヤマト政権につながることになる。一方、九州説をとれば、邪馬台国連合は九州北部を中心とする比較的小範囲のもので、ヤマト政権はそれとは別に東方で形成され、九州の邪馬台国連合を統合したか、あるいは邪馬台国の勢力が東遷してヤマト政権を形成したということになる」

またもや九州説と近畿説で見解が分かれるのだが、九州説が、邪馬台国とヤマト王権とを切り離して考える理由の一つに、『日本書紀』の存在がある。『日本書紀』は、七二〇年（養老四）に完成したとされる歴史書で、そこに卑弥呼に関する記述がないのだ。

もしも、邪馬台国が纏向にあって、倭国の王都としてそのまま近畿でヤマト王権へとつながっているのならば、国の始まりの女王である卑弥呼についての伝承が何らかの形であるはず。それが一切ないということは、卑弥呼のいた邪馬台国は、近畿でヤマト王権となった勢力とは違う地域、すなわち九州にあったのではないか、というわけである。

それでは、九州説ではどのような勢力が邪馬台国連合を形づくったと考えられているのか。小郡《おごおり》市埋蔵文化財調査センター所長の片岡宏二さんは、吉野ヶ里遺跡に匹敵する大規模な遺跡が九州北部には数多く存在していることから、そうした大規模な集落がネットワークで結ばれ、邪馬台国連合を形づくっていたのだという。

その一つが一九九〇年代に発見された平塚川添《ひらつかかわぞえ》遺跡。福岡県朝倉市甘木《あまぎ》・小田《おた》にある集落跡で、筑後川とその支流によって形成された肥沃な平野にある大規模な多重環濠集落跡だ。これまでの発掘調査では、竪穴住居跡が約三〇〇軒、身分の高い人が住んだとされる掘立柱建物跡が約一五〇棟確認されている。

集落の中央部は約二ヘクタールの広さがあり、それを内濠が囲み、その外側に二重の濠が存在するなど、二世紀から三世紀頃の弥生時代後期にかけては、水濠に囲まれた大集落となっていたと推測されている。

こうした大規模集落の近くには、「監視集落」と呼ばれる集落がいくつも存在する。例えば、福岡県みやま市に位置する標高四八メートルの女山《ぞやま》という山の中腹にある三船山遺跡。住居が数軒だけしかつくられず、近くには田畑などもなく生活の匂いがしない不可思議な集落である。

では、どんな役割の集落だったかというと、まさに監視のためだった。三船山遺跡は、新井白石が九州説を唱えるきっかけとなった山門遺跡群という大きな遺跡を一望できる場所にある。この場所から中と外の出入りを見張ることで、外敵の襲撃からクニを守る役割を果たしていたとも考えられている。

「魏志倭人伝」には、弥生時代後期の二世紀後半に倭国で起こったとされる争乱である「倭国乱」の記述がある。片岡さんは筑紫平野に固まっていた大きな集落の数々が、争いの時代を生き抜くために、共同で敵の侵入を監視していたと見ている。

纒向で出土した各地の土器（写真提供：桜井市教育委員会）

纒向遺跡から出土する各地の土器

一方、近畿説ではどんな勢力が邪馬台国連合を形づくったと考えられているのか。その手がかりとされるのが、纒向遺跡の出土物だ。

纒向遺跡では様々なクニの人々がここに集っていたと考えられる状況証拠が発掘で見つかっている。その一つが土器の破片。修復してつなぎ合わせると、土器の形や表面に描かれている紋様などから、どの地方の土器かがわかる。例えば、複数の線が弧を描くように刻まれた紋様は「弧紋《こもん》」と呼ばれ、纒向から二〇〇キロ離れた吉備に由来するものだと推定される。

纒向遺跡からは、これまでに九州から関東まで列島各地の土器が出土している。土器は食料の貯蔵や儀式などに用いられ、当時の人々の暮らしと密接に関係した。そのため、纒向から様々な地域

四隅突出型墳丘墓と呼ばれる西谷3号墓（写真提供：出雲弥生の森博物館）

の土器が出土することは、多くのクニの人々が纒向に集まっていた証拠とも言えるのだ。

纒向遺跡と関係があるとされる地域の勢力を具体的に見てみよう。まずは、極めて強大なクニだった出雲地方。出雲と言えば伝説の怪物ヤマタノオロチの神話が伝わり、「因幡の白兎」で有名なオオクニヌシノミコトが住んだとされる土地だ。

弥生時代の祭祀に使われた銅鐸が日本で一、二を争うほど多く出土しているなど当時の繁栄は明らかである。弥生後期には、石で覆われた四つの隅から手が伸びたような幾何学的な形の巨大な墓がつくられ、四隅突出《よすみとっしゅつ》型墳丘墓《がたふんきゅうぼ》（西谷《にしだに》墳墓群）と呼ばれている。

次は、九州北部に位置すると考えられる「伊都国」。王が埋葬されたとされる福岡県糸島市の平原王墓《ひらばるおうぼ》（平原遺跡一号墓）は、四角くて小さい墓だが、その特徴は出土した鏡に

平原王墓（写真提供：糸島市立伊都国歴史博物館）

ある。指導者の墓に鏡を埋めるのは、この地の古くからの伝統であり、太陽への信仰を象徴するとされる。その数、じつに四〇枚。

鏡は、『古事記』や『日本書紀』にアマテラスオオミカミの分身だとある。伊都国に、鏡を王の墓におさめる伝統があると考えられることから、ヤマト王権を中心としたアマテラス信仰と、九州北部との関係が指摘されている。

さらに、瀬戸内海の要衝である吉備も、独特の墓の文化を持つ一大勢力だった。岡山県倉敷市に所在する楯築《たてつき》遺跡は、弥生時代後期につくられた墳丘墓で、吉備の王が埋葬されたと言われている。

墓は、円丘部とその両側に長方形の突出部を持つ特異なフォルムから、双方中円形墳丘墓と呼ばれる（七六ページ参照）。一九七〇年代に行われた開発工事で突出部の大部分は破壊されたが、消滅した突出部を含む全長は約八〇メートルと推定され、同時期の墳丘墓では全国で最大級の大きさを誇る。

遺跡のもう一つの大きな特徴が、不思議な土器の存在だ。円筒形で穴や模様が刻まれた特殊器台と呼ばれ、神様への供え物を入れたとされる壺が上に載る。墳丘に並べて、死者を祀ったのではないかと推定されている。

楯築遺跡の特殊器台（写真提供：岡山大学考古学研究室）

箸墓古墳に残された痕跡をたどる

弥生時代の列島各地にあった様々な墓や、弔い方の痕跡を、纒向では年に一度、実際に目にすることができると言われている。纒向遺跡の南側にある箸墓《はしはか》古墳。全長二八〇メートルの、長方形と円形を組み合わせた巨大な前方後円墳だ。

今は木々に覆われ、一見すると森のように見える箸墓古墳の周囲には、池があり、田畑の水の入れ替えのため年に一度、水が抜かれる。すると、太古の姿をとどめた古墳の下部が現れるのだ。

箸墓古墳（写真提供：桜井市教育委員会、撮影：株式会社エイテック）

現地を案内してくれたのは、桜井市纒向学研究センター統括研究員の橋本輝彦さん。池の底が現れると、そこにはかつて箸墓古墳を覆っていた「葺き石《ふいし》」が存在した。

「ちょうど幅三メートルぐらいで帯状につながって見えているのが葺き石です。築造当時からあったもので、箸墓古墳の裏側にある川から運んできてここへ葺かれたとされています」

かつては箸墓古墳も一面に葺き石が敷きつめられていたと考えられる。葺き石で覆われた墓の姿は、出雲の王の墓とされる四隅突出型墳丘墓を想起させる。出雲から巨大な墓を石で覆う伝統が伝わったのではないかと橋本さんは推定する。

「もともと近畿の弥生社会の中には、この

ように葺き石をするという行為は存在しなかった。この周辺で葺き石がされたのは箸墓古墳が初めてです。西日本、特に山陰地方などでは弥生時代に葺き石を行う技術がありますので、そういったものを取り入れることによって近畿の前方後円墳に葺き石という要素が備わったと考えられます」

一方、宮内庁の調査からは、出雲とは別の勢力が箸墓古墳に関わっていたという推測がなされている。箸墓古墳の頂上から見つかった緩やかな曲線が刻まれた土器の破片を分析したところ、穴と模様を刻んだ円筒形の土器である特殊器台だと判明した。

先に見たように、特殊器台のルーツは吉備の楯築墳丘墓だ。しかも最新の研究で、箸墓古墳の特殊器台は土の成分が近畿ではなく吉備に近いこともわかってきた。箸墓古墳で、特殊器台を置いて行われた埋葬には、吉備の勢力が深く関わっていたとする説も有力なのだ。

さらに、邪馬台国連合と九州北部とのつながりをうかがわせるものもあるという。墓に鏡を埋める文化だ。箸墓古墳の前後につくられた近畿地方の古墳からも、鏡が多く出土していることからそう考えられている。また、瀬戸内海東部とのつながりを指摘する研究もある。この地方にあった積み石の技法が、宮内庁の公開した箸墓古墳の写真から確認されたためだ。

話をまとめよう。箸墓古墳において、墓を石の要塞のように見せる造形のルーツの一つとして出雲の勢力が考えられる。石を積む技術は、瀬戸内海の東部。死者を弔う祭祀には、吉備や九州北部の影響が見られると推測される。

こうした研究をつなぎあわせることで、近畿説では、邪馬台国連合は近畿中央部から九州北部におよぶ広域の政治連合ではないかとも考えられている。

なぜまとまる必要があったのか

それにしても、どのようにして文化や風習の異なる各地のクニグニが一つにまとまりえたのか。なぜまとまる必要性があったのだろうか。

邪馬台国連合は、官位制を導入していたとされる。ここからは、邪馬台国連合の形成を促した時代背景や要因、さらには卑弥呼や各地の王たちがどのような国づくりを目指していたかについて、最新研究を交えて迫っていく。

「魏志倭人伝」には、卑弥呼が女王となる経緯が次のように記されている。

其の国　本《もと》亦た男子を以て王と為す。住《とど》まること七、八十年、倭国乱れ、相　攻伐することと歴年、乃《すなわ》ち一女子を共立して王と為す。名を卑弥呼と曰ふ。

倭国はもと男子を王としていた。（男王のもと）七、八十年すると、倭国は乱れて、（国々が）互いに攻撃しあうことが何年も続き、そこで一人の女性を共に立てて王とした。名を卑弥呼という。

倭国では二世紀の終わり頃に大きな争乱が起こり、なかなか収まらなかった。そこで諸国は共同して卑弥呼を邪馬台国連合の女王として立てたところ、ようやく争乱は収まったという。

この争いは、『後漢書』東夷伝では「倭国大乱」とも呼ばれ、邪馬台国連合が形成された大きな要因とされている。しかし、この記述は考えれば考えるほど謎なことだらけだ。どうして女王を共立すると争いが収まるのか。それまで男王たちが争いを続けていたということは、有力者達の権力闘争があったのかもしれないし、次の統率者になろうと野望を燃やす者もいたかもしれない。

卑弥呼は鬼道と呼ばれる呪術的な力を用いたと言われているが、そうした力だけで、争いに明け暮れた各地の王たちを統治することが、果たしてできたのだろうか。

また、争いの原因はそもそも何だったのか。争いを収めるには、戦火の原因を取り除く必要がある。卑弥呼はどのようにして、倭国大乱の火種を取り除いていったのだろうか。

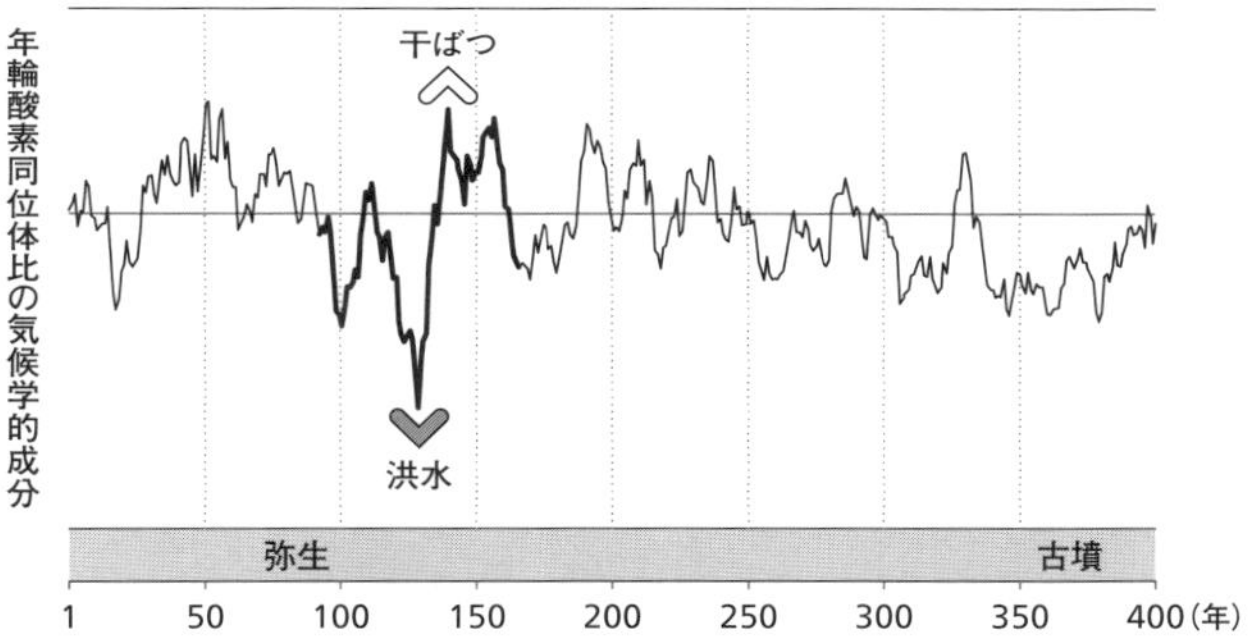

古代の気候データ（11年移動平均）。太線は2世紀頃の変動を示す（データ提供：「Nakatsuka et al. 2020, Climate of the Past, A 2600-year summer climate reconstruction in central Japan by integrating tree-ring stable oxygen and hydrogen isotopes」）

気候変動が引き起こした食糧危機

こうした謎に新たな光を当てる最新研究がある。先の酸素同位体比年輪年代法を開発した名古屋大学教授の中塚武さんの研究だ。酸素同位体比は、天候や湿度といった気候の変化に影響を受ける。すなわち、酸素同位体比を調べることで、過去の気候の変化もまたデータとして復元することができるのだ。

中塚さんは、年代測定の基準となるデータセットをつくるために過去二六〇〇年分の樹木に含まれる酸素同位体の割合を測定してきた。そのため、過去二六〇〇年分の気候変動の推移を見ることができるというわけだ。

このデータセットから弥生時代の気候に

注目すると意外なことがわかる。激しく上下するグラフは、干ばつや洪水など異常気象が頻発していた可能性を示している。異常気象が繰り返されると、まず被害を受けるのは稲作だ。気候変動による食糧不足が起き、それが原因で争いが起きていたのではないかと中塚さんは語る。

「倭国乱の起きた紀元二世紀というのは、他の時代と全く違う特徴があるんですね。それは数十年ぐらいの周期で気候がすごく激しく変動したということです。特に降水量が多くなるタイミングがものすごく多くて、例えば紀元一二七年というのは過去二六〇〇年の間で一番降水量が多かった年であることが年輪同位体比から推定されています。非常に多くの人たちが飢餓に苦しんだり、あるいは難民になったりしたことが予想されます」

吉野ヶ里遺跡で長年発掘調査を指揮してきた七田さんも、倭国大乱は食糧をめぐる争いが原因なのではないかという考えを支持する。

「紀元前二世紀に入ると、九州北部から戦闘で傷ついた人骨が出てきます。農業の時代には、つくるよりも奪ったほうが穀物を簡単に手に入れることができるので、争いが起こってしまう。ちょうどその頃は、地域の集落がだんだんと結びついていく時代でもあります。戦いによる地域の統合がかなりあったとも考えられ、日本列島が古代国家へと向かっていく最初の大きな動きを表わしていると思います」

最新研究から浮かび上がってくるのは、次のようなストーリーだ。気候変動による食糧不足が争いを加速させ、日本列島に散らばっていた小さなコミュニティの統合を促した。そしてその過程の中から、各地に王が誕生した。

次は、強大な力を持つ各地の王同士の対立。まさに、果てなき争乱だ。この未曽有の危機を打開するために生まれたのが、邪馬台国連合。卑弥呼を女王として共立し、争い続けるのではなく、政治連合を組むことで共存の道を選んだ。

しかし、それでもまだすっきりしない点が残されている。各地の王のうち、誰がイニシアチブを取って、卑弥呼を祭り上げ、邪馬台国連合をまとめ上げていったのか。この謎については、研究者の間でも意見が分かれている。

伊都国遷都説と太陽信仰

まず、どのクニが主導権を握っていたかという問題について見ていく。一つ目は、伊都国遷都説。九州北部、伊都国の勢力が近畿に移って、邪馬台国連合の礎《いしずえ》を築いたという説だ。

じつは邪馬台国の有力な候補地である纒向遺跡には、避けて通れない奇妙な点がある。発掘調査から明らかになったのは、纒向の巨大な都が、ある時、忽然と姿を現したという事実だった。それ以前の纒向は、のどかな田畑しかなかったとされている。つまり、何者かが意図してここに「王都」を新たにつくったと考えられる。

纒向が誕生したとされる二世紀と三世紀の間に何が起きたのだろうか。そして、巨大な纒向遺跡をつくったのはどんな勢力だったのか。國學院大学客員教授の柳田康雄さんは、当時、伊都国だけが巨大な都である纒向をつくる力を持っていたと考えている。

内行花文鏡（10号鏡）（写真提供：糸島市立伊都国歴史博物館）

前述の説明と重なるが、「魏志倭人伝」は、伊都国には諸国を検察するため一大率という常駐の官職が特置され、諸国はこれを畏憚していたと伝えている。他の国にはない権力を持っていたことがうかがえる。
また、伊都国の王墓と考えられる場所から見つかった豪華な副葬品も、圧倒的な権力の証左だという。例えば、「内行花文鏡《ないこうかもんきょう》」と呼ばれる直径四六・五センチの巨大な鏡。他の地域では例がないほどの大きさである。
さらに柳田さんは鏡に描かれた文様に注目している。中心に描かれた花びらのような文様は太陽の輝きを表し、太陽信仰を表現したものだと言われている。太陽信仰が伊都国で重要な意味を持っていたことは、そこに納められた棺の方角にも表れているという。

「棺は、頭が西側で、足が東側に向くように埋葬されている。あらゆる生命の源である太陽の光がまっすぐさし込むよう、向きは東西を軸につくられている」

これは纒向の卑弥呼の居館とも考えられている巨大な建物群が、東西のライン上に整然と並んでいることとも一致する。柳田さんによると、伊都国と纒向には「太陽信仰」という大きな共通点があり、太陽信仰を持った強大な伊都の勢力が遷都し、纒向に都をつくったと考えられるという。

伊都国が九州から遷都してきたとすれば、纒向という巨大都市が忽然と現れた事実も説明がつく。果たして、邪馬台国連合の礎を築いたのは伊都国だったのか。

畿内勢力説と象徴としての巨大銅鐸

二つ目は、もともと近畿地方にいた勢力が中心となり、邪馬台国連合を形成したという説だ。大阪大学教授・考古学研究室の福永伸哉さんは、弥生時代に近畿を中心に広がっていた銅鐸に注目している。

「邪馬台国が誕生する直前の時期に、畿内では大きな銅鐸をつくることで、有力者たちが

大型銅鐸の鋳型（写真提供：田原本町教育委員会）

政治的なまとまりを得るという段階があった。恐らくその有力者たちが邪馬台国の母体、あるいは中心勢力になっていったのではないかと考えています」

そもそも銅鐸は、豊作を祈る祭器として使われていた。銅鐸とともに棒も出土しており、ベルのように揺らして鳴らされた。しかし、この銅鐸が一世紀に入ると大型化していく。鳴らした形跡のない、一メートルを超える巨大なものも出土。この大きな銅鐸を政治権力の象徴として使っていた畿内の勢力が、邪馬台国連合の中心勢力だったというのだ。

福永さんが、その勢力がいた有力な場所と考えるのは、奈良盆地中央の唐古《からこ》・鍵《かぎ》遺跡だ。弥生後期における畿内最大の集落遺跡で、広さは四二ヘクタール。日本全国で見ても最大級であり、大規模な環濠で囲われ、多くの人たちが居住できたと考えられている。

そして何より、この遺跡からは銅鐸の鋳型で最大のものが出土している。多くの銅鐸をつくり、政治的なつながりのシンボルとして、他の勢力に配っていた可能性が指摘されているのだ。

大型化した銅鐸の分布図を見ると、近畿地方はもちろんのこと、東は伊豆半島から近江、紀伊、西は土佐、播磨、但馬、丹後にまで広がっているのがわかる。

福永さんは、大きな銅鐸をつくって全国各地に配ることができるほどの強大な勢力が畿内に存在していたならば、その勢力が纒向の王都をつくったと考えるのが自然だという。

談合説と漢王朝の崩壊

三つ目は、邪馬台国連合では、特定のクニがイニシアチブを取っていたわけではないとする説。桜井市纒向学研究センターの寺沢さんの談合説だ。

「連合体のようなものをつくって、わざわざ卑弥呼を王にしたということは、特定のクニが大きな力を持たないように決めていくことが前提だったと思うんです」

寺沢さんは、談合で卑弥呼が新しい倭国の女王になることが決まり、新しい王都として纒向の建設が決まったとする考えを採っている。纒向の建設を担ったのは、九州北部の伊都国連合と、岡山の吉備国連合だという。

その根拠とするのが、纒向につくられた初期の前方後円墳の一つ、ホケノ山古墳。寺沢さんが注目したのは、前方後円墳としての「形」だ。ホケノ山古墳は、円の直径と前方の

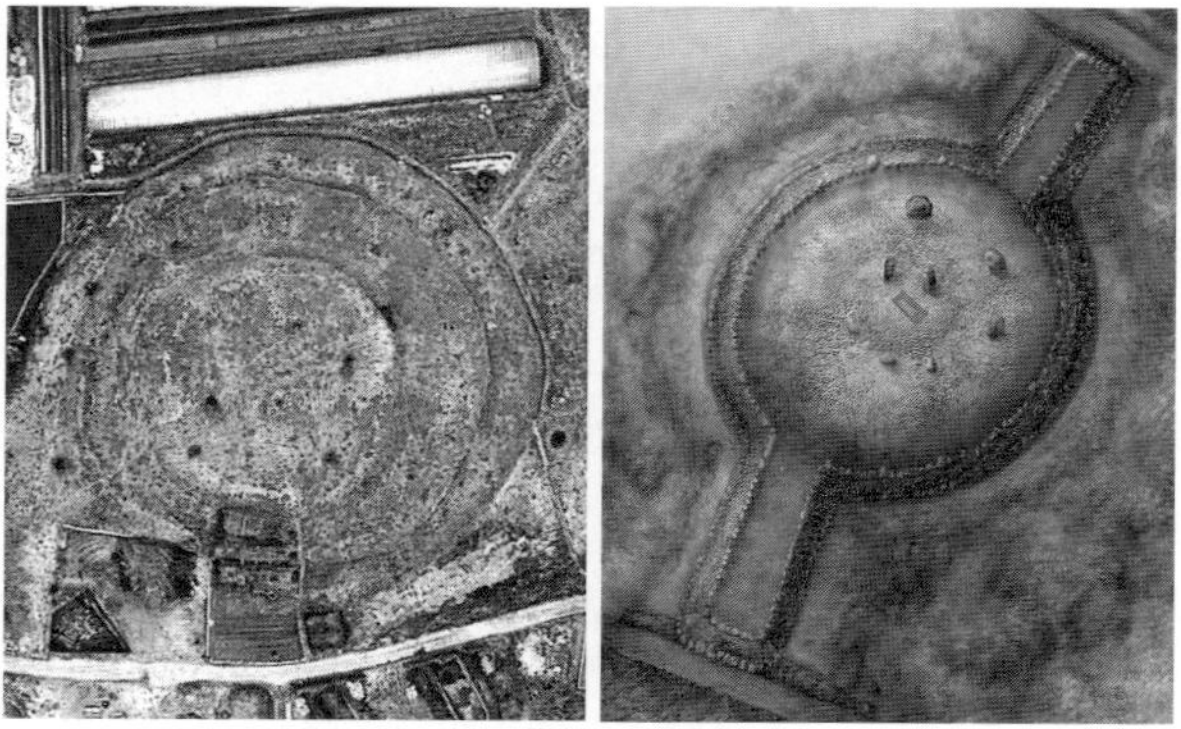

ホケノ山古墳（左）と楯築墳丘墓復元図（右）（写真提供：桜井市教育委員会、図提供：山陽新聞社）

四角い部分の長さが二対一で、前方が極端に小さい。纒向型前方後円墳の典型だという。

この形は、岡山で発見され、二世紀の墓として全国最大級の楯築墳丘墓の影響を受けているという。六三ページで触れたが、楯築墳丘墓の形は、丸い部分から出っ張りが二ヶ所出ているというもの。この出っ張りを一つなくすと、ホケノ山古墳の形と見事に一致する。

さらに、ホケノ山古墳からは鏡と武器が出土しており、それに関しては九州北部の伊都国などの影響を受けたと考えている。権力者の墓に大量の副葬品を納めるのは、もともと伊都国など九州北部の習慣だからだ。

それでは、なぜ伊都と吉備は遠く離れた纒向に王都をつくることになったのか。寺沢さんは、「魏志倭人伝」に記された倭国の乱で、強大な権力を持っていた伊都国の力が衰えたからだという。

ちょうどその頃、中国では漢王朝が崩壊している。それまで九州では、中国と頻繁な交易を通して繁栄が築かれてきた。しかし、漢王朝の崩壊による混乱で、伊都国も後ろ盾を失い、権威が失墜。それにより各地の勢力が争うようになり、その状態から脱するために行われたのが、権力者が集まって新たな倭国の建設について話し合うことだったと推測する。

談合を主導したのは、伊都国連合と吉備国連合。そこで決まったのが伊都でも吉備でもない第三の地、すなわち纒向に新たな倭国の王都をつくり、女性である卑弥呼を王として共立することだったというのだ。

「談合を行っていたのは伊都国であったり、新しく力をつけてきた吉備であったり、あるいは吉備周辺の瀬戸内海のクニグニや、出雲、恐らく近畿も話し合いの中に入っていたと思います。それらの権力者が合議制をとり、話し合いを進めていった。その後のこの国の政治のやり方の一つが、ここである程度形づくられたのだと考えています」

特定のクニが権力を持たないための制度が邪馬台国連合だとするならば、卑弥呼が特別な軍事力を有していなくても女王となり、各地の王達を統べるという構図が成り立つ。むしろ、もともとは権力を持っていない女性だったからこそ、卑弥呼は女王としてまつりあげられることになったと寺沢さんは考えている。
「卑弥呼にしてみると、倭国の王になるというのは、降って湧いた話だったのではないでしょうか。突然、女王にされた女性というイメージをまず持ってみたらどうかと思いますね。言い方は悪いですが、もともとはとにかくまつりあげられた。ただ、その卑弥呼がまったくのお飾りだったかというと、多分そうではない。弟が政治を助けたり、本人が成長していったりする中で、次第に女王としての貫禄と政治力を備えていったのだろうと思います」

卑弥呼共立は中国の英知か

邪馬台国連合では、いずれかのクニの王が主導権を握ったのか、はたまた合議制の政治体制がとられたのか。考古学上の新たな発見があるまで、その結論は出ない。ただ、卑弥呼が女王になったことで争いが収まったという事実からは、卑弥呼の共立が各地の王の均衡を保つ役割を果たしたことはゆるぎない。

こうした共立というアイデアは、じつは古くから中国で実践されていた。各地の勢力が群雄割拠する春秋戦国時代（紀元前七〇〇～前二二一）には、天子《てんし》という高位の存在を共立することで、各勢力が直接衝突しない仕組みを築いていた。日中交流史を研究する浙江大学教授・日本文化研究所所長の王勇《おうゆう》さんは、次のように語る。

「春秋戦国時代は、周王朝が衰退し、実質的には各地に小国が成立し、豪族が天下を治めていた。その中で、各地の勢力は均衡を保つために名目上、周王朝を高位の存在としてまつりあげていた時期があるのです」

日本と中国とが遥か昔から交流を続けていたことから、中国の英知が日本にもたらされたのかも知れないと示唆する逸話である。

さて、ここまで様々な説を取り上げながら、邪馬台国連合がつくられた理由や、卑弥呼が共立された背景を考察してきた。次章からは、女王となった卑弥呼がどんな国づくりを目指したのか、邪馬台国連合はその後の歴史とどのように関係したかを、順を追って見ていく。

第3章

「倭国大乱」と漢王朝の崩壊

前章では、邪馬台国にまつわる調査研究の現在を、九州説、近畿説を中心に紐解いた。この章では、卑弥呼が生きた時代について、最新のゲノム研究や実験考古学の成果を交えながら、グローバルヒストリーの観点から迫っていく。

当時、中国では漢王朝の崩壊が起きていた。そうした情勢の混乱と呼応するかのように、大陸から日本列島へと流れ込んできたのは当時最新鋭の兵器だった。その結果、争乱は収まるばかりか、邪馬台国連合に対抗する勢力までもが台頭することとなった。

女王として、争いを平定する使命を帯びていた卑弥呼は、いったいどんな困難に立ち向かったのか。それを探ることは、この国の黎明期の人々が直面していた課題を知ることに通じる。日本と中国とが深く結びつき織りなされた、激動の時代を多面的に描いていこう。

地下の弥生博物館・青谷上寺地遺跡

まずは、卑弥呼が生きた時代に、人々がどのような営みをしていたのかを見ていきたい。「魏志倭人伝」には、弥生時代の日本人の姿や、生活の様子が次のように記されている。

「男子は大小と無く、皆黥面文身《げいめんぶんしん》す。古《いにしへ》より以来、其《そ》の使ひの中国に詣《いた》るや、皆自ら大夫《たいふ》と称す。」

「倭の水人、沈没して魚蛤《ぎょかう》を捕らふるを好む。文身するも亦た以て大魚水禽《すいきん》を厭《おさ》へんとすればなり。後に稍《やうや》く以て飾りと為す。諸国の文身は各々異なり、或いは左に或いは右に、或いは大に或いは小に、尊卑　差有り。」

「禾稲《くわとう》・紵麻《ちょま》を種《う》ゑ、蚕桑・緝績《しふせき》し、細紵《さいちょ》・縑緜《けんめん》を出だす。其の地には牛・馬・虎・豹《ひょう》・羊・鵲無し。」

「倭の地は温暖、冬夏　生菜を食らひ、皆　徒跣《とせん》す。屋室《をくしつ》有り、父母兄弟、臥息《ぐわそく》するに処《ところ》を異にす。朱丹を以て其の身体に塗るは、中国の紛を用ふるが如きなり。」

「男子は大人と子供の別なく、みな顔面と身体に入れ墨をしている。古くから、倭の使者は中国に至ると、みな自ら大夫と称する。」

「倭の水人〔あま〕は、水中に潜って魚や蛤《はまぐり》を捕えることを得意とする。入れ墨をすることはもともと大魚や水鳥を抑えようとするためであった。後にようやくそれを飾りとした。諸国の入れ墨はそれぞれ異なり、あるいは左にあるいは右に、あるいは大きくあるいは小さく、（身分の）尊卑により差があった。」

「稲や紵麻を植え、桑を栽培し蚕を飼って糸をつむぎ、麻糸・きぬ・綿を産出する。倭人の地には牛・馬・虎・豹・羊・鵲《かささぎ》はいない。」

「倭の地は温暖で、冬でも夏でも生野菜を食べ、皆はだしである。家屋があり、父母兄弟は、寝るときにそれぞれ場所を別にする。朱《しゅ》や丹《たん》をその身体に塗ることは、中国で白粉《おしろい》を用いるようなものである。」

弥生人は農耕や漁業を中心とした暮らしを営んでおり、顔や体に入れ墨をする風習があったことがうかがえる。

この文献記録のような生活を彷彿とさせる重要な遺跡がある。鳥取市青谷《あおや》町にある青谷上寺地《かみじち》遺跡だ。弥生時代前期の終わり頃から古墳時代の前期に当たる、約二四〇〇年前から約一七〇〇年前まで栄えたとされる集落で、日本海に通じる港があり、交易の拠点だった。一九九八年(平成一〇)に山陰道建設に伴う発掘調査が始まり、今も調査は続いている。

この遺跡は、出土物の保存状態の良さから「地下の弥生博物館」などと称され、多くの研究者の注目を集めている。遺跡周辺が低湿地で外気から遮断された状態だったため、腐敗菌の繁殖が抑えられたことなどが保存状態の良さにつながった可能性があると考えられている。

青谷上寺地遺跡の出土品（写真提供：鳥取県立青谷かみじち史跡公園）

青谷上寺地遺跡の出土物

青谷上寺地遺跡の主な出土物を紹介しよう。農作業や土木作業に利用されたと考えられる道具は以下の通りだ。用途に応じて使い分けられていた平鍬、又鍬、横鍬、平鋤、又鋤などの七〇〇〇点近い木製農具、そのほか約一五〇点の石庖丁など石製の農具が出土している。

漁業に関する出土物としては、約五〇点の船の破片。遺跡の周辺にスギの大木が豊富に自生しており、船の材料には事欠かなかったようだ。これらの船は、二種類に大別できる。一つは「丸木船」で、推定長は五～一〇メートル。内湾や近海での漁労や近距離の交易に用いられたとされる。

もう一つは「準構造船」。丸木船に板を

継ぎ足して、大型化を図った船だ。推定長は一五～二〇メートルに及び、外洋を渡る交易用と考えられている。

漁に使われた道具も多彩だ。銛頭《もりがしら》やヤス先、釣針としては、その大きさや種類から、マグロやサメなどの大型魚類や、アシカなどの海獣類をとるためと考えられるものが出土。潜水漁に用いられるのは、鹿の角でつくられた骨角器。その大きさや形からみて、岩に貼り付いたアワビなどの貝をテコの原理で剝ぎ取る「アワビオコシ」だと考えられている。

他にも、網枠・錘《おもり》といった道具から、網漁も行われていたことがわかっている。こうした出土物からは、状況に合わせて多様な道具をつくり出す高度な技術を持つ弥生人の姿が浮かんでくる。

類を見ない規模の弥生時代の人骨

青谷上寺地遺跡が、「地下の弥生博物館」と言われる所以は他にもある。二〇〇〇年（平成一二）の発掘調査で、集落を取り囲むように掘られた溝から弥生時代後期の人骨およそ五三〇〇点、一一〇体分が見つかったのだ。酸性土壌で人骨が残りにくい日本列島において、これだけの規模の人骨が見つかることは他に類を見ないことだった。

発掘された人骨は鳥取大学医学部教授（当時）の井上貴央さんが分析を担当。その特徴

バラバラの状態で見つかった青谷上寺地遺跡の出土人骨（写真提供：鳥取県立青谷かみじち史跡公園）

が詳細に検討された。骨盤の一部である寛骨《かんこつ》の分析から性別を見分けることができ、男性は三五体、女性は一七体が確認された。頭蓋骨や寛骨の形状からは、人骨は一〇歳代から四〇歳代にかけてのものであり、男性では三〇～四〇歳が、女性では一五～二〇歳が多いことが判明した。

身長は、大腿骨の長さから計算することができる。それによると成人の推定身長は、男性で一六二センチ、女性で一四八センチという値が得られている。また、三体の頭蓋骨の中から、残存する脳が発見され、現代人の脳と構造的な違いは見られないことがわかった。

さらには発見されたもののうち、病気

が疑われる人骨がいくつか確認されている。耳に水圧などがかかることによって、耳の入口付近の骨が隆起する外耳道外骨腫。潜水漁を盛んに行っていた青谷上寺地の人々ならではの症例である。あるいは、膝関節に炎症が生じる変形性膝関節症。重い荷物を運ぶなど、膝を酷使することで生じる症状だ。

また、青谷上寺地遺跡の人骨群中に高頻度に観察されるのがエナメル質形成不全。子どもの頃の健康状態は、歯の表面のエナメル質に現れるのだが、歯の形成時期に栄養不良であったり病気にかかったりすると、表面に横縞が入り、成人になっても残る。

日本で最も古い結核の症例も見つかっている。結核菌が背骨に病巣をつくり、病気が進行すると脊柱が曲がり、背中が丸くなる脊椎カリエスという症例である。少なくとも成人三例、幼児二例が、結核に罹患していたことが判明している。結核は伝染性が強く、地域内で容易に拡散したと考えられることから、発掘された人骨は同一の地域に居住していた可能性が示唆される。

人骨につけられた無数の傷跡が語ること

このように保存状態のよい人骨は、様々な情報を私たちに提供してくれる。取材班が青谷上寺地遺跡を訪れた二〇二三年（令和五）にも発掘調査が行われており、その時も目の前で次々と人骨が出土していた。見つかったのは、およそ三五〇点、一〇体分の人骨だ。二〇〇〇年の調査ではほとんど出土しなかった幼児の骨が出土するなど、青谷上寺地遺跡に改めて注目が集まっていた。

取材の目的は、発掘調査に同行することに加え、出土した人骨を高精細の8Kカメラで撮影することだった。人骨には、亡くなった時の情報が多く残されている。中でも特徴的なのは、刃物でつけられたとも思われる鋭利な傷跡を持つ顎の骨や、硬い額の骨を割られた頭蓋骨など、人骨につけられた無数の傷跡だ。

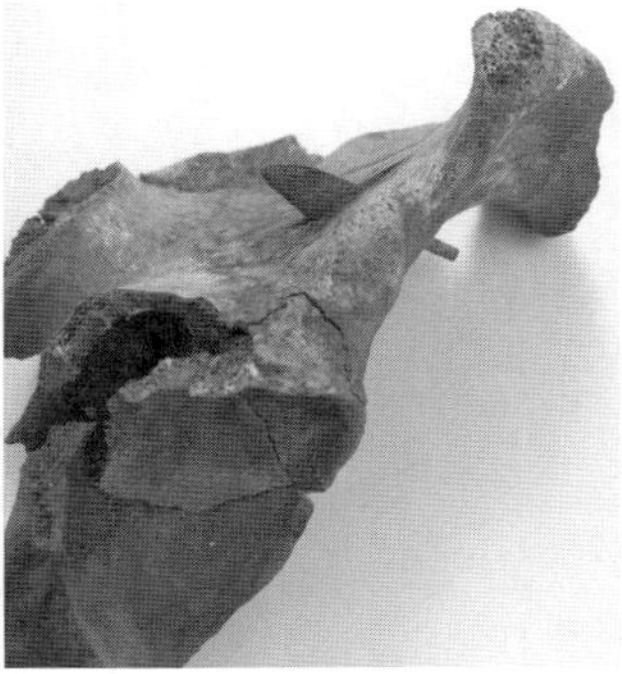
銅鏃が刺さった寛骨（写真提供：鳥取県立青谷かみじち史跡公園）

骨盤の一部である寛骨を貫いていたのは、金属の鏃《やじり》だった。後部には切創《せっそう》の痕《あと》も認められる。鏃は体の左側から突き刺さっており、入射角などを考慮すると、遠くから弓矢で傷を負わせて倒し、さらに近づいて斬りつけたような状況が考えられる。
鳥取県文化財局の研究員、濵田竜彦さんによると、出土した頭蓋骨は、色の変化などから焼かれた痕跡があることがわかるという。二九個体の頭蓋のうち、確実に焼成が認められるのが一三個体、焼成の可能性が高いものが一四個体存在した。つまり、ほとんどの頭蓋が焼かれていたことになる。それとは対照的に、他の部位で焼かれた骨はあまり見つかっていない。頭部が切断され、選択的に焼かれていたことが推測される。

鋭利な武器によって傷つけられたと思われる骨はおよそ一一〇点。人が生きている時に骨に傷がついた場合は、治癒傾向が観察される。しかし、そうした反応が見られないことから、ほぼ即死したと考えられる。こうした惨状は果たして何を物語るのか。亡くなったのはどんな人々だったのか。今、最新研究から新たな事実が判明しようとしている。

古代ゲノム研究が解き明かす日本人の起源

日本人はどこから来たのか、弥生人とは何者だったのか。そうした日本の始まりの謎を科学的に解き明かそうという最新研究が国立科学博物館で進んでいる。注目するのは、先ほどの青谷上寺地遺跡。他に類を見ないほど保存状態の良い人骨群に残された古代人のゲノムを抽出し、解析しようという試みだ。

古代ゲノムの研究と言えば、二〇二二年（令和四）のノーベル生理学・医学賞を受賞したスバンテ・ペーボ博士が確立した、絶滅した人類の遺伝情報を解析する技術が記憶に新しい。ＤＮＡは親から子どもに伝わる遺伝物質の本体なので、その解読が進めば系統や血縁をこれまでにない精度で明らかにすることができるのだ。ＤＮＡは四種類の塩基（Ａ、Ｔ、Ｇ、Ｃ）が連なったもので、その配列によって決まる遺伝情報の全体をゲノムという。

簡単にゲノム研究の歩みと基礎知識を確認しておこう。私たちの身体を構成する数十兆個の細胞には、ＤＮＡを含む細胞小器官が二つある。それが、ミトコンドリアと核である。ミトコンドリアとはエネルギーを生み出す細胞小器官のことで、母から子どもに遺伝するという特徴がある。一つの細胞に多数存在していることから、ＤＮＡのコピー数も多く、分析が容易とされるも、そこには必要最低限の遺伝情報しか存在していないことから、ミトコンドリアゲノムの長さは短く、せいぜい一万六五〇〇塩基ほどと言われる。

かたや、核ゲノムは生物の設計図である遺伝子を数万個含んでおり、ゲノムの長さは三二億塩基と膨大である。しかし、両親から一本ずつしか受け継がないため、細胞あたりの本数は二本に限られてしまい、分析が難しいとされてきた。

分析の手法については、二〇〇〇年代までは、ゲノムのうち特定の領域を増幅することでＤＮＡの配列解読を行ってきた。しかしこの方法では、遺跡から出土した人骨のようにＤＮＡの大部分が分解されているような場合、分析可能なものはコピー数の多いミトコンドリアＤＮＡに限られていた。核ＤＮＡの分析はほとんどの人骨では不可能であったのだ。

こうした状況を一変させたのが、二〇〇〇年代の後半に登場した次世代シークエンサと呼ばれる機器である。人骨から抽出したＤＮＡの配列を網羅的に解読することができ、特定の領域だけでなくミトコンドリアゲノム全体、核ゲノム全体を対象とした研究ができるようになった。

国立科学博物館は、この最新技術をもとに二〇一八年（平成三〇）から青谷上寺地遺跡の出土人骨の分析を行っている。従来はわからなかった青谷上寺地遺跡の人々の遺伝的な性格や、死後の状況などを明らかにし、ひいては日本人の起源に迫ろうというのだ。

古代ゲノム研究からわかったこと

青谷上寺地遺跡におけるゲノム研究の流れは次の通り。分析に用いた出土人骨のサンプルは三三点で、次世代シークエンサを用いてミトコンドリアＤＮＡと核ＤＮＡの全配列を読み取る。これを分析すると、頭骨と下顎骨でＤＮＡが一致し、同一個体であると判明したものが一組あった。したがって、分析できた三三点のサンプルは、三二個体分の人骨から構成されていることがわかった。

青谷上寺地遺跡の出土人骨は一〇〇体ほどの人骨群であるとされているため、この調査で、全体の三分の一程度の個体を分析したことになる。分析結果は、研究者たちの思いもしないものだった。異なる個体間でミトコンドリアDNAの配列が完全に一致したものは、ごくわずかにとどまり、三二個体のうち、母系の血縁がある可能性のある個体は三組のみ。つまり、ほとんどの個体の間には、母系の血縁が認められなかったのだ。

一般的に、人の往来や流入が少ない状態が長く続いた村落では、同族の婚姻が増えることで、やがて構成するミトコンドリアDNAのタイプは少なくなる。現代のような移動手段がない古代においては、集落間の往来は少ないと考えられるため、母系の血縁は多くなるだろうというのが研究者たちの見立てであった。

だが、その予想は見事に裏切られた。つまり、青谷上寺地遺跡は外部との人的交流が少ない集落ではなく、様々な地域から絶えず人が流入を繰り返す、都市的な拠点であった可能性が高いと考えられるのだ。

さらにゲノム研究からは、彼らの血縁関係のみならず、地球上のどこからやってきたかを辿ることもできる。核DNAの分析によれば、形態学的な研究からは捉えることの難しい混血の程度までを明らかにすることが可能だからだ。

原理としてはこうだ。核ゲノムには膨大な遺伝情報が含まれており、その中には数百万～数千万箇所に及ぶ変異が起こっている。それらの現象はSNP（スニップ）と呼ばれ、遺伝情報を保つDNA配列を構成する一つの塩基が置き換わることを指す。この変異を比較することが、重要なポイントとなる。

例えば、もともと縄文時代から日本列島に定住していた者を祖先に持つのならば、縄文系のＤＮＡを色濃く受け継いでいるだろう。その逆に、中国など大陸から渡ってきた者を祖先に持つのならば、渡来人系のＤＮＡを色濃く受け継いでいるはずである。

遺伝情報であるＤＮＡの配列パターンは血縁関係や人種が近いほど似たものになる。これまでの研究により、縄文時代の日本列島に多く認められる配列（縄文人系）と、中国大陸の各地で見られる配列（渡来人系）とで、パターンが異なることがわかってきた。

従来、弥生人のルーツとして定説のように言われていたのは、「稲作とともに大陸からやって来た渡来人が、日本列島にいた縄文人と混ざり合って弥生人となっていく」というストーリーであった。国立科学博物館の調査チームも、当初は三二個体のうち二割ほどは縄文人系が含まれているのではないかと予想していた。しかし、その見立ては大きく覆されることになる。

定説を覆す、出土人骨の正体

果たしてどんな結果が出たのか。次の図は分析結果をまとめたものだ。この図について、端的に言うならば、東アジアの人々の遺伝上の近さを表したグラフになる。現代の日本人

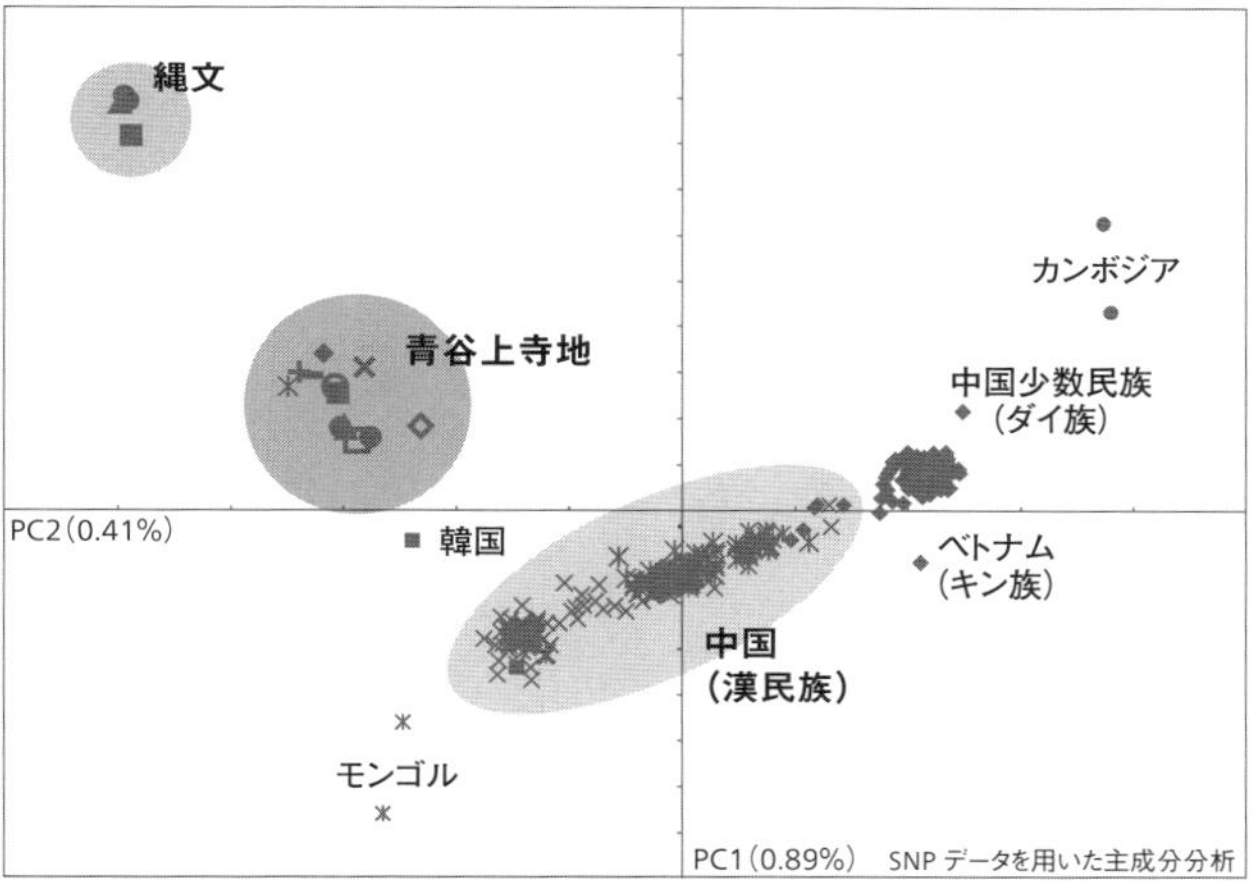

DNAの近縁性〈SNPデータを用いた主成分分析〉（データ提供：国立科学博物館・神澤秀明）

を含む東アジアの集団と、縄文人、青谷上寺地遺跡から出土した人骨、弥生人などのSNPデータを用いている。中央は中国人、左上が縄文人。青谷上寺地は、双方の間にあり、海を越え、混血が進んだことを示している。

驚くべきことに、分析を行った三二個体のうち三一個体が渡来人系で、縄文人系は全体の三パーセントにあたる一個体しかなかった。つまり、青谷上寺地遺跡の弥生人骨は、縄文人と渡来人が徐々に混じり合って弥生人が誕生したという、これまで盛んに唱えられてきた定説とは異なる結果を示したのだ。

国立科学博物館・人類研究部研究主

幹の神澤秀明さんは、こうした予想外の結果を喜ばしく感じている。

「驚きましたね、青谷上寺地では渡来系の遺伝要素がかなり濃く受け継がれています。予想を裏切る面白い結果です」

卑弥呼の時代、すでに日本は世界と想像以上に深くつながっていたのである。そして、人骨の殺傷痕は、互いにほとんど血縁関係を持たない渡来人系の人々が、まとめて殺傷されたことを示している。いったいどんな状況だったのだろうか。

青谷上寺地遺跡の発掘調査を担当する鳥取県文化財局の濵田さんは、調査結果と「魏志倭人伝」の記述をもとに、奴隷の人々が集団で葬られたのではないかという仮説を立てている。

「出生地の異なる人たちで構成される奴隷層が定期的に青谷上寺地に供給され、死後は集団埋葬の対象になっていたとすれば、遺伝的に多様で血縁関係が希薄な集団の成り立ちをより理解しやすい」

「魏志倭人伝」によると、倭の社会は支配者層である「大人」、一般層の「下戸」、奴隷層の「生口」「奴婢」で構成されていた。かたや青谷上寺地遺跡の発掘調査では、鋳造鉄斧《ちゅうぞうてっぷ》などの「輸入品」、管玉《くだたま》や花弁高坏といった「輸出品」が出土している。こうした状況から も、青谷上寺地は日本海を通じた交易拠点で、交易品とともに、奴隷の人々も運ばれていた可能性が高いと考えられる。

さらに、時代による墓の変遷にも注目したい。鳥取県内の遺跡では、弥生時代中期までは、土壙墓群や木棺墓群といった死者を単体埋葬した墓域が確認されており、そこに有力者たちも埋葬されていた。ところが、身分の差がよりはっきりしてくる卑弥呼の時代・弥生時代後期になると事情が異なってくる。支配者層の墳丘墓など巨大な墓が相次いで見つかる一方、被支配者層の埋葬地は確認しづらくなるのだ。

棺に入れられることもなく、うち捨てられた大量の奴隷の亡骸《なきがら》……。それが青谷上寺地遺跡の出土人骨の正体なのではないかと、濵田さんは推測する。もしそうであるならば、各地から連れてこられた奴隷たちは、栄養状態が悪く結核などの病に苦しんだり、争いに巻き込まれたりして亡くなったことになる。決して平穏とは言えない当時の社会状況を、人骨はありありと伝えているのだ。

中国の戦乱が日本列島に影響を与えた

実際、卑弥呼が生きた時代は、平穏とはかけ離れた混乱の時代であった。混乱の理由は前述した気候変動の可能性だけではない。アジア最大の大国・中国で勃発した戦乱が、日本列島に大きな影響を与えたという研究がある。

清代の書物に描かれた黄巾討伐の様子

日本の弥生時代にあたる二世紀末、中国では、大帝国だった漢が衰退を始めていた。要因の一つとされるのが、黄巾《こうきん》の乱と呼ばれる後漢末の農民反乱だ。反乱した者たちが黄色い頭巾をつけていたため、こう呼ばれるようになった。

当時、後漢王朝では、幼い皇帝が続くようになり、皇帝の母親の一族である「外戚《がいせき》」や、皇帝の身の回りの世話をする「宦官《かんがん》」などが発言力を持つようになり、政治が乱れていた。かたや地方では、天災飢饉が続発する中、罪過の反省と懺悔による病気の治癒を説いた宗教結社・太平道が、生活苦にあえぐ農民の間に広まった。これを脅威として弾圧をもって挑んだ政府に対して、一八四年、三六万の信徒が一斉に蜂起したのだ。

相次ぐ農民たちの反乱に加え、北方民族の侵入もあって後漢王朝の権威は衰退。以後、宮廷では宦官が権力をふるい、黄巾討伐に功のあった曹操《そうそう》などの武将や、董卓《とうたく》などの有力豪族が互いに勢力を競うことになった。こうして中国は、戦乱が多発する魏晋南北朝時代に突入していくことになる。

その戦火を逃れようとした大量の難民たちが日本に押し寄せたと、浙江大学の王勇さんは考えている。

「後漢の末期から魏晋南北朝時代まで、中国は動乱の時代にありました。その混乱期には国を失い、故郷を失った多くの人々がいて、彼らは新たな道を模索しました。この時、興味深いことに、戦火を逃れようとする難民が北側に行くことはほとんどなかった。西にも南にも行くことはなく、東へと向かったのです。中国の神話では、東に蓬莱《ほうらい》と呼ばれる理想郷があると信じられていました。それゆえ人々は朝鮮半島を通り、倭国にたどり着いたのでしょう」

蓬莱とは、中国神話において、東方の海上にあって仙人が住む不老不死の地とされる霊山のことを指す。紀元前三世紀の後半には、秦の始皇帝の命を受けた徐福《じょふく》が、不老不死の仙薬を求めて蓬莱に向け船出したという。日本の各地に、この徐福が漂着したという伝説が残る。こうした神話にもすがる思いで、難民たちは新天地を目指したのだろうか。

海を渡ってきた戦争の道具

この時、日本列島に大きな変化が起きたことが、考古学的にわかっている。大陸から鉄などが持ち込まれ、最新の武器がつくられたのだ。

取材班は、筑波大学准教授・弓道コーチング論研究室の松尾牧則さんに協力を仰ぎ、武器の威力を検証するための実験を行った。比較したのは弓矢。それまでの日本列島では、石を用いた鏃が主流だった。対して、金属でつくられた鏃はどれほどの威力だったのか。

的にしたのは金属の板で、金属の鎧を想定した。違いは一目瞭然だった。石の鏃は、鉄の板にぶつかると粉々に砕け散り、的はびくともしなかった。一方、金属の鏃は的を貫通。同じ金属同士ではあるが、加速がつくことで凄まじい威力を発揮したのだ。

こうした武器の進化は、日本列島が中国の影響によって石器時代から鉄器時代へと急速に移行したことを示していると、浙江大学の王勇さんは語る。

「弥生時代の日本文明は石器時代から青銅器時代を飛び越えて、鉄器時代に一気に発展した。この進化は、自然発生的な発展に頼るとすれば、おそらく数百年から数千年かかるでしょう。しかし日本列島では、外国文明の介入によって途中過程がスキップされた。中国からは武器や、その使い方だけでなく、軍事的な戦略や陣形などももたらされたはずです。中国文明の流入が、日本列島の争いを加速させたのです」

難民たちは争いの道具と知識をもたらしただけではない。大量の人々が急速に流入したこと自体、混乱のもととなった可能性もある。

扱う時代は少し異なるが、古代日本において人口増加と争いの発生に相関関係があることを突き止めた研究がある。アメリカの考古学専門誌にも掲載されるなど注目を集めた研究で、南山大学人類学研究所や国立歴史民俗博物館などのグループが、弥生時代の九州北部に関して甕棺の数から人口を、争いで傷を負った人骨から戦争の頻度を調べたものだ。

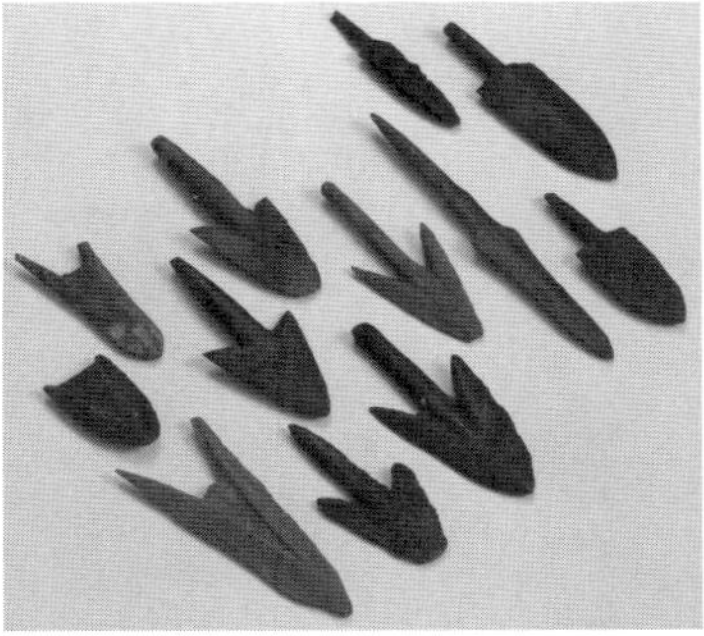
多様な形の銅鏃（写真提供：鳥取県立青谷かみじち史跡公園）

九州北部では弥生中期（紀元前三五〇〜紀元後三〇）の埋葬方法は、ほぼ甕棺に限られていることから、甕棺数が人口を反映していると想定。およそ一万四〇〇〇個の甕棺を型式から六つの時期に分け、人骨の傷の有無についても分析した。

これをさらに九州北部で六の地域に分け、地域ごとの耕作可能面積を推定した上で、各時期の人口密度や、受傷人骨の割合を調べたところ、受傷人骨が最多だったのは隈《くま》・西小田《にしおだ》遺跡がある福岡県の三国《みくに》丘陵。弥生中期後半に人口密度が最も高い地域だった。

そして全地域の全時期の統計処理を行った結果、人口密度が高いと受傷人骨の割合が高くなることがわかったのだ。研究に関わった国立歴史民俗博物館教授を務めた故・松木武彦さんは、農耕を始めたことで人間と争いとが切り離せなくなったと語っている。

「農耕が始まると定住することになるので、水や土地などの不動産が生まれます。そして人口が増えると、より広い農地も必要になって隣から奪うしかないということになる。また、狩猟採集文化では自らを生態系の中に位置づけ、食べる分だけ猟をしますが、農耕文化では一つの植物を徹底的に管理します。生態系を外側から支配するという行為を通じて、人間中心の世界観が築かれやすいのです。それは他者を支配する世界観にもつながっていくことになります」

宿敵・狗奴国の登場

「魏志倭人伝」によると、卑弥呼たちと争いを繰り広げた勢力として描かれているのは、狗奴国である。邪馬台国連合の最大のライバルである狗奴国との争いは、女王となった卑弥呼が直面していた危機であり、大陸から伝わった武器が用いられたことで熾烈《しれつ》を極めたと考えられている。

女王国より以北、其の戸数・道里は略載するを得可きも、其の余の旁国《ぼうこく》は遠く絶《へだ》たりて、詳《つまびら》かにするを得可からず。次に斯馬《しま》国有り、次に巳百支《しおき》国有り、（中略）次に奴国有り。此《こ》れ女王の境界の尽くる所なり。

其の南には狗奴国あり、男子を王と為す。（中略）女王に属せず。

女王国より北（にある国々について）は、その戸数や（そこに行く）道里はだいたい記載できるが、その他の旁国は遠く絶たっており、（戸数や道里を）詳細にすることができない。つぎに斯馬国があり、つぎに巳百支国があり、（中略）つぎに奴国がある。これが女王の（支配している）領域の尽きる所である。

その南には狗奴国があり、男子を王とする。（中略）（この国は）女王に服属していない。

三十あまりの国々がまとまってできた邪馬台国連合に対抗したという狗奴国。それほどまでに強大な勢力は、果たしてどこに存在したのか。「魏志倭人伝」には、卑弥呼たちの領域から南側にあったとされている。この「南側」という地理関係を考える上で、興味深

混一疆理歴代国都之図（写真提供：龍谷大学図書館）

い資料が残されている。

現存する世界最古の世界地図の一つ、「混一疆理歴代国都之図《こんいつきょりれきだいこくとのず》」だ。一四〇二年に李氏朝鮮でつくられた地図で、アフリカ大陸、ヨーロッパ、中東、中国、朝鮮、日本、ロシア、モンゴル高原、東南アジア、インド洋が描かれている。

注目したいのは日本列島の向きだ。地図には、九州を北にして、南へ長く伸びる島国として描かれている。その位置も、実際よりも中国大陸に近いところにある。一五世紀にもこうした地理観が残っていたのではないかと言われている。

邪馬台国と狗奴国が争った理由

この地理観をもとにするならば、狗奴国はどこか。名古屋経済大学特任教授の赤塚次郎さんは、東海地方から東北にかけて、狗奴国の勢力圏が存在したという仮説を立てている。考古学的研究からは、弥生時代、東海から東北にかけて共通のデザインを持つ墓がつくられたことがわかっている。大小二つの四角形を組み合わせた「前方後方墳」だ。

赤塚さんは、この前方後方墳こそが狗奴国のシンボルだと考えている。

「東海から東北にかけて、リーダーたちの墓は前方後方墳になっていくというのが発掘調査からわかってきている。邪馬台国の対抗勢力になるような地域社会がどこにあったかを絞り込んでいくとき、狗奴国が一つの候補になります」

日本列島の西側には前方後円墳をシンボルとする邪馬台国連合があり、東側には前方後方墳をシンボルとする狗奴国が存在した、という東西を分けた争いの構図がイメージされる。

それでは、邪馬台国と狗奴国が争っていた理由は何だったのか。赤塚さんは、発掘成果をもとに互いの風土や価値観の相違が争いの根源にあったと見ている。

「弥生時代から古墳時代の初めにかけて、日本列島には部族社会的な地域が多かったと考えています。地域ごとに言葉が違うだろうし、髪型や刺青など風俗風習も違う。卑弥呼た

3世紀末につくられた前方後方墳、弘法山古墳（写真提供：松本市教育委員会）

ちが邪馬台国連合をつくろうとしても、そこに相容れない価値観や風俗風習を持つ地域が存在した。それが狗奴国であって、文明の衝突が起きたのだと考えています」

この説を補足するように、前方後方墳が広がる地域では、特有の文化圏が築かれていた証拠が見つかっている。あいち朝日遺跡ミュージアム学芸員の原田幹さんに見せてもらったのは、「S字甕」と「パレス・スタイル土器」と呼ばれる出土物だ。

S字甕は、口の形がSの字のように屈曲していることから名づけられた。成分を分析すると、伊勢湾東海地方でとれた鉱物、雲母《うんも》が混ぜられていることがわ

S字甕（左）とパレス・スタイル土器（右）（写真提供：あいち朝日遺跡ミュージアム）

かってきた。共通する産地からとれた甕を持つことで、結束力を高めていたのではないかと考えられている。

パレス・スタイル土器は、ベンガラという顔料で赤く色つけされた鮮やかな土器。曲線模様が描かれたり、斑点状の模様を描いたりと手の込んだ装飾がなされている。原田さんはパレス・スタイル土器を次のように評価する。

「弥生時代の終わり頃は、どの地域もあまり土器に装飾をしなくなっていくのですが、それに抗うように、あるいは反するように、この地方の土器だけは装飾性が非常に発達している」

異なる文化圏でつくられたことをうかがわせる土器や甕――。価値観や風俗風習が異なる相手との争いはそう簡単には終わらず、苛烈を極める傾向にあることは歴史研究からもわかっている。世界で起きた全戦争を統計学的に検証する国際プロジェクト・セシャットなどの研究が有名だ。

果たして、邪馬台国連合と狗奴国との争いも、そのようなものだったのだろうか。それに対して、卑弥呼はどんな手立てを講じたのか。次章では外交戦略という観点から、その謎に迫ってみたい。

第4章 卑弥呼×三国志

——知られざるグローバル戦略

前章では、卑弥呼が直面した課題についてグローバルヒストリーの観点から掘り下げた。それは主に中国が日本に与えた影響をたどっていく作業でもあった。対してこの章では、当時の日本・倭国が中国に与えたインパクトも視野に入れながら議論を進めていく。

糸口となるのは、「魏志倭人伝」に残された、卑弥呼が中国の魏に使者を派遣したという記録だ。卑弥呼は狗奴国と長年争いを続けていることを、魏に報告していた。卑弥呼は魏の力を借りることで、狗奴国との争いを打開しようとしていたのだろうか。

一方、大国である中国にとってみれば、倭国は海の彼方の小国であった。この時代、中国は魏・呉・蜀が存亡を賭けて戦う三国志の時代に突入していた。その渦中にやってきたのが卑弥呼の送った使者の一行だった。

戦乱の緊張が続く中で、魏はわざわざ小国である倭国の使者を前例のない破格の対応でもてなした。そこには魏や呉の秘められた戦略や駆け引きがあったと考えられるようになってきている。日本と中国、それぞれの外交戦略という観点からダイナミックな歴史の流れを辿っていく。

倭国と魏の邂逅

「魏志倭人伝」には、卑弥呼が中国の魏に使者を送った時の様子が次のように記されてい

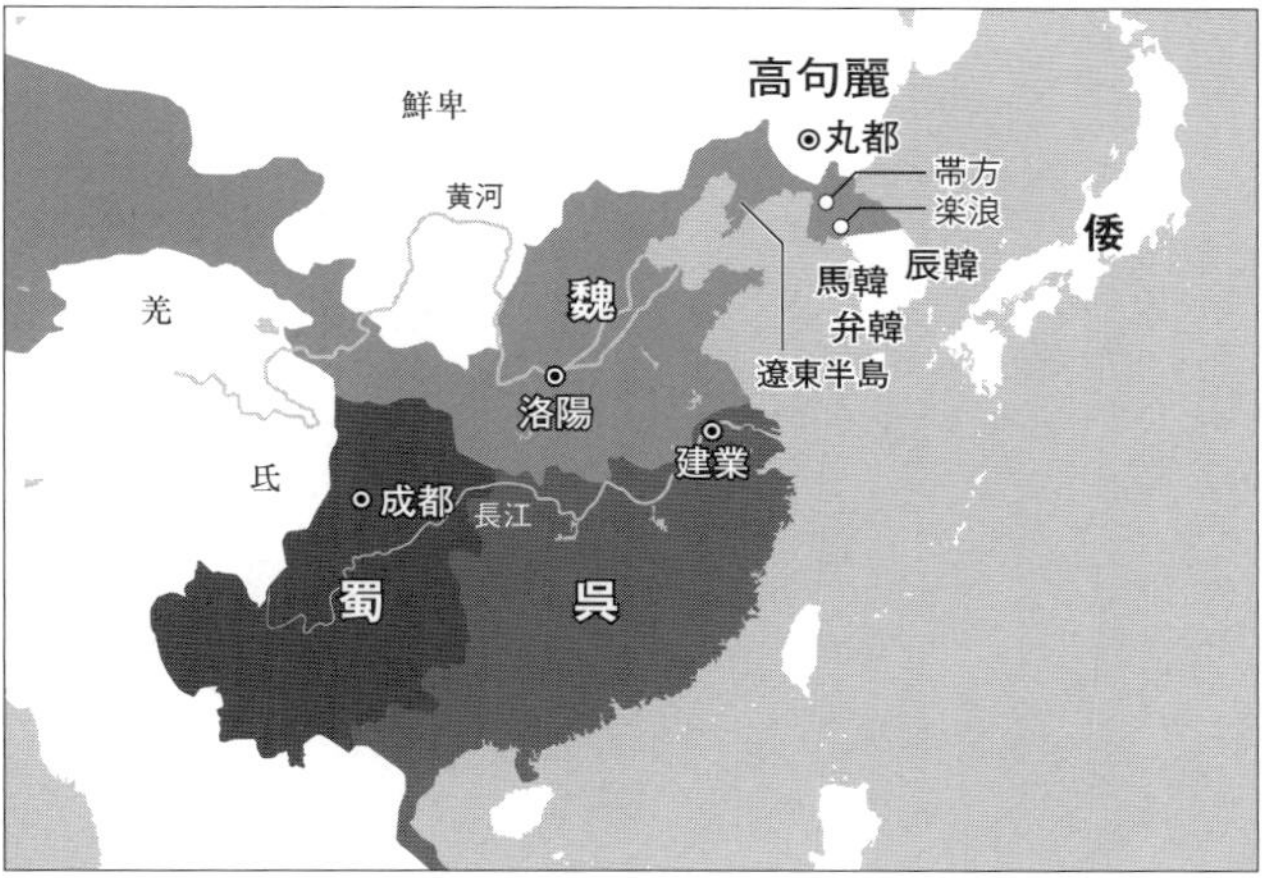

3世紀前半頃の東アジア（『詳説日本史図録』〈山川出版社〉をもとに作成）

る。

景初二年の六月、倭の女王、大夫の難升米らを遣はし郡に詣らしめ、天子に詣りて朝献せんことを求む。太守の劉夏《りゅうか》、吏を遣はし将《ひき》ゐ送りて京都《けいと》に詣らしむ。其《そ》の年の十二月、詔書して倭の女王に報じて曰く、「親魏倭王の卑弥呼に制詔す。帯方太守の劉夏、使を遣はして汝《なんぢ》の大夫たる難升米、次使たる都市《とし》の牛利《ぎゅうり》を送り、汝の献ずる所の男の生口四人、女の生口六人、班布《はんぷ》二匹二丈を奉りて、以て到る。汝の在る所は踰《はる》かに遠きも、乃ち使を遣はして貢献するは、是れ汝の忠孝、我　甚《はなは》だ汝を哀《いつく》しむ。

今　汝を以て親魏倭王と為し、金印紫綬を仮し、装封《さうほう》して帯方太守に付し、汝に仮授《かじゆ》せしめん。（後略）

景初二年の六月、倭の女王（卑弥呼）は、大夫の難升米たちを派遣し帯方郡に至らせ、天子に拝謁して朝献することを求めた。帯方太守の劉夏は、属吏を派遣し（難升米たちを）引率して京都（洛陽）に至らせた。その年の十二月、（皇帝の曹芳《そうほう》は）詔書を下して倭の女王に報じて次のように言った、「親魏倭王の卑弥呼に制詔する。帯方太守の劉夏が、使者を派遣して汝の大夫である難升米と次使である都市の牛利を送り、汝の献じた男性の生口〔奴隷〕四人、女性の生口六人と、班布〔かすりの織物〕二匹二丈を奉じて、到着した。汝のいる所ははるかに遠くにも拘らず、こうして使者を派遣し貢献してきたことは、汝の忠孝（の現れ）であり、我はたいへん汝を慈《いつく》しむ。いま汝を親魏倭王となし、金印紫綬を仮《あた》え、包装のうえ封印して帯方太守に託し、汝に仮授させよう。（後略）」

卑弥呼の使者の名前は、難升米。吉野ヶ里遺跡の発掘を牽引してきた七田さんの説によれば、かつての倭国王・帥升の一字をいただく有力者と考えられている。

漢魏洛陽古城跡（写真提供：NHK）

難升米がまず向かったのは、帯方郡。朝鮮半島の西岸中央部に設立された中国の郡名だ。そこで許可をもらい、魏の都・洛陽に旅をすることになる。魏は、三国志の英雄・曹操が礎を築いた大国で、三国のうち最大の人口を擁し、強大な軍隊を誇っていた。

魏の王宮の遺跡が、今も残されている。現在の中国河南省にある「漢魏洛陽古城」だ。日本からの距離は、およそ二三〇〇キロ。近年も発掘調査が続けられ、北魏時代の倉庫や水路が見つかっている。

取材班を遺跡に案内してくれたのは、発掘調査を指揮する中国社会科学院考古研究所研究員の劉濤《りゅうとう》さんだ。かつて正門があった発掘跡から、王宮の方角を指し、かつて卑弥呼の使者たちが歩いたであろう順路を教えてくれた。

「卑弥呼の使者は、門の外で待機し、呼び出しを待っていたのでしょう。そして、時が来て宮殿に入っていったと思われます」

当時、洛陽の都は東西約三・九キロ、南北約四キロ。内城全体の面積は約一一〜一二平方キロだったという。日本列島の中で邪馬台国連合がいかに大きなものであったとしても、大国・魏は桁違いだ。

なぜ卑弥呼は魏に使者を派遣したか

卑弥呼が使者を派遣した目的は、大国である魏の後ろ盾を得ることで、邪馬台国連合が倭国の中で優位な地位を占めることだったと言われている。かつて、倭の奴国の王の使者が後漢におもむいて光武帝から金印を授けられたエピソードしかり、倭国内での立場を他のクニよりも高めようとして中国に使いを送った事例がある。

今回の場合、狗奴国との争いが続く中、魏の威光を借りて争いを平定しようとする狙いが卑弥呼にあったのではないかと、浙江大学の王勇さんは考えている。

「中国の王朝は、歴史的に秩序の番人とされ、争いや反乱を平定する機能を果たしてきた。秩序をつくるものが大王だからです。そうした中国王朝の側面をうまく利用することで、卑弥呼たちは狗奴国との争いを収束させようと考えていたのでしょう」

結果として、卑弥呼は魏から親魏倭王の称号を受けることになる。倭国を代表する王として卑弥呼のことを魏が認める、という意味である。「魏志倭人伝」には、親魏倭王であることを証明する金印を「仮授せしめん」と書かれている。

仮授とは、本来は資格のない者に恩恵として仮に授けることを指し、破格の待遇を卑弥呼は与えられたことになる。しかし、なぜそのようなことが可能だったのか。まずは、魏の立場から状況を整理してみたい。

卑弥呼の使者が魏にやってきたと記されるのは景初二年。西暦にすると二三八年になるが、これは『日本書紀』などに記述のある景初三年に当たる二三九年の間違いではないかとも言われている。詳しくは後述するが、二三八年は中国や朝鮮半島などで大規模な戦いがあり、卑弥呼の使者が旅をする状況ではなかっただろうというのだ。

また、この一年の違いによって、卑弥呼の使者が拝謁した魏の皇帝は異なってくる。仮に二三八年に卑弥呼の使者が魏に到着していたとしたら、魏の皇帝は、第二代皇帝の曹叡《そうえい》となる。しかし、曹叡は二三九年の一月に若くして死去する。

急遽、次の皇帝となったのは曹芳《そうほう》。この時、わずか八歳の幼帝であったため、後見人となったのは司馬懿《しばい》。のちに魏の大権を握り、西晋の礎を築いた人物だ。どちらの皇帝に拝謁したかという不明な点は残るが、ともあれ魏の混乱期に卑弥呼の使者はやってきたことになる。

魏と、呉・蜀との覇権争い

混乱していたのは魏の政治だけではない。呉や蜀との覇権争いが起こっていた。

そもそも三国時代とは、後漢の滅亡後、魏・呉・蜀の三国が対立した時代を指す。黄巾の乱をきっかけに後漢王朝の支配力が失われると、華北を平定した曹操、江南に拠る孫《そん》権《けん》、四川に入った劉備《りゅうび》が勢力を誇るようになる。

二二〇年に曹操が死亡すると、その子である曹丕《そうひ》が跡を継ぎ、後漢の献帝の譲りを受けて即位。国号を魏とし、初代皇帝となった。翌年、劉備は成都で帝位につき、蜀（蜀漢）の初代皇帝となった。孫権もまた、二二九年に建業で皇帝の位につき、呉を建国することになる。

三国志で有名なのが、二〇八年の赤壁《せきへき》の戦いだ。蜀の劉備と呉の孫権の連合軍が八〇万と称された魏の曹操の水軍を大敗させた戦いである。こうした敗北もあり、魏には蜀と呉の二国を正面から相手にする構図は避けたいという心理が働きやすい。

この時、戦略的に重要となるのは魏の同盟国である。魏のはるか西、現在のインドに当たる地にクシャーナ朝という王朝が当時存在した。地理的には、魏のライバル蜀の背後に位置する。魏は、クシャーナ朝を味方につけ、挟み撃ちにする構図をつくり出すことで、蜀を牽制しようとした。

そのために魏がクシャーナ朝に提示した待遇は破格だった。二二九年に遣使奉献してきた大月氏王波調《だいげっしおうはちょう》（クシャーナ朝ヴァースデーヴァ王）を「親魏大月氏王」として金印を授けた。金印を魏から受け取っていたのは倭国だけではなかったのだ。

この出来事から一〇年後に金印を受け取ったのが卑弥呼の使者たちだった。こうした状況から、魏が卑弥呼を破格の待遇でもてなしたのは、もう一つのライバル呉を牽制するために味方につける目的があったのではと考えられている。

地理的に日本列島は、正確には呉の背後に位置するわけではない。しかし、前述したように、現存する世界最古の世界地図の一つである「混一疆理歴代国都之図」では、日本列島の位置は実際よりも中国大陸に近い西側に描かれている。

こうした地理感覚に基づくと、倭国は呉の背後をつき、魏と挟み撃ちする構図になる。つまり倭国は、魏にとって三国志の時代を生き抜くために戦略上、重要な意味を持っていたという説である。

卑弥呼の高度な外交戦略

倭国を重要視していたのは魏ばかりではなかった。三国志の最新研究から、卑弥呼の知られざる外交戦略に迫ろうというのが復旦大学教授の戴燕《だいやん》さんだ。卑弥呼は、魏と呉の対立関係を巧みに利用したと考えている。

「古代中国と倭国の密接な関係が、海洋史の研究が進む中、明らかになっています。注目すべきは三国の海上における覇権争いです。これまで三国志の歴史を語るとき、魏・蜀・呉の関係に焦点を当てすぎていました。

しかし、海側に視野を広げれば、じつは魏と呉は倭国と非常に密接な関係にあったことがわかります。もちろん、朝鮮半島の動向も視野に入れなければなりません。アジア情勢を大局的に俯瞰することで新たな歴史が見えてくるのです」

中でも戴燕さんが注目するのが、呉を率いた孫権の行動だ。呉の歴史書に当たる『三国志』呉書には二三二年、「呉の孫権が、将軍の周賀《しゅうが》と校尉《こうい》（官職の一種）の裴潜《はいせん》を遣わし、海路で遼東《りょうとう》に向かわせる」と記されている。

遼東は位置的に魏の領海に隣接する。そこに軍を派遣するということは、孫権が魏を海上から攻めようという壮大な計画を持っていたことを示している。孫権は赤壁の戦いで魏の曹操を打ち破るなど、強力な水軍の力を有していた。だが、大量の船と兵士を動員するためには、補給基地が必要不可欠だった。

その際、呉は倭国に接近したと戴燕さんは考えている。

「孫権が即位して三年目の二三二年に、彼は急いで周賀将軍たちを海路で遼東に送りました。海から魏の東側に回り込み勢力を拡大することが目的でした。陸路を使ってこれ以上勢力を拡大する方法がなかったこともあります。その際、孫権は遼東・朝鮮半島を足場に、倭国と接触していたと考えられます。海上での補給や物資を得ようとしていたのです。呉の鏡が日本列島から出土していることからも、呉が倭国と取引をしていた証拠だと考えています」

確かに兵庫県の安倉《あくら》高塚《たかつか》古墳から、「対置式神獣鏡」と呼ばれる呉の鏡が出土している。鏡は倭国の有力者たちによって用いられ、権威の証として尊ばれてきた。

安倉高塚古墳から出土した対置式神獣鏡
（写真提供：兵庫県立考古博物館）

呉の立場からすれば、倭国を味方につけることには、補給基地を得る以上の意味合いもある。もし、魏と倭国が手を結べば、挟み撃ちされる構図になるため、倭国と手を結ぶことは後方の憂いを断つことになるからだ。

一方、魏の立場からすれば、もし、呉と倭国が手を結べば、海上から攻められ不利な状況に置かれる危険性が生まれる。戴燕さんは、魏と呉の利害が拮抗するこの状況こそが、卑弥呼が魏との交渉を有利に進める突破口だったのではないかと語る。

「卑弥呼は魏と呉と倭国のパワーバランスを利用し、魏から破格の支援を引き出すことに成功しました。卑弥呼は優れた外交力を持っていたのです」

キャスティングボートを握る、とは言いすぎかもしれないが、卑弥呼には自分たちを魏に高く売り込む条件が整っていた。混乱と争いが続く中国に、わざわざ使者を派遣したのは、卑弥呼が高度な外交戦略を持っていたからだという説である。

滅亡をむかえた公孫氏政権

魏と呉、倭国のパワーバランスについて、もう少し詳しく説明しよう。

注目するのは、公孫氏《こうそんし》政権。豪族であった公孫度《こうそんたく》・公孫康《こうそんこう》・公孫淵《こうそうえん》の三代が遼東半島に樹立した、五〇年にわたる政権のことを指す。

卑弥呼の使者たちが魏に向かう前に立ち寄った帯方郡は、公孫氏政権が設けたものだった（一一一ページの地図参照）。歴史書である『三国志』魏志東夷伝の韓条には、「倭、韓は遂に帯方に属す」と記されている。倭国と韓国は公孫氏が支配する帯方郡に従えられていた、という位置づけだ。

公孫氏は、後漢の衰退を機に遼東半島で勢力を伸ばしたが、二二八年に政権を確立した公孫淵の時代になると、中国で三国の争いが本格化したことで、外交関係が複雑化した。

まず呉の孫権が二三二年、遼東半島に使者を派遣した。これは、呉が公孫氏政権を味方に引き入れようと接近したことを意味する。前述したように、孫権は海上から魏の背後を攻める計画を持っていたことが『三国志』呉書の記録からうかがえる。公孫淵も呉の接近に応じ、呉に内属する意の上表文を贈っている。

その見返りとして翌年、呉の孫権は公孫淵を燕王と任命するための使者を派遣した。呉の接近により、さらなる力を手にするかに見えた公孫氏政権。しかし、これを危惧したのが魏だった。魏は公孫氏政権に圧力をかけ、呉からやってきた使者の首をはねるように命じ、公孫淵はこれに応じた。

この時、魏は蜀の諸葛亮《しょかつりょう》との対決に全力を注いでいたこともあり、呉の遼東半島での勢力拡大に対して、抜本的な解決は据え置かれた。だが二三四年、諸葛亮が亡くなると魏は、遼東の問題に着手することになる。二三六年、魏は高句麗の王に圧力をかけて、呉の使者を斬首させるなど、呉の影響力を朝鮮・遼東半島から駆逐し始めた。

そして二三七年、魏は公孫淵を攻撃したのだ。呉と接近する恐れがある公孫氏政権を倒すことが目的であった。ついにその翌年、魏は四万もの兵をもって公孫淵を滅ぼすことになる。

魏と呉の争いの果てに、滅亡を迎えた公孫氏政権。一連の動きからは、呉が海上勢力を拡大することを恐れる魏の心理が垣間見える。こうした力学を知った上で、改めて倭国と魏と呉の関係を見つめると、魏が倭国を味方に引き入れようと破格の待遇を与えたという説はより一層の説得力を持つように感じられる。

なお、卑弥呼の使者が魏にやってきたとされるのが、二三八年ではなく二三九年であるという説は、この公孫氏政権の滅亡と関係が深い。

もし、二三八年ならば、使者が訪れた帯方郡は激しい戦場になっていた。帯方郡にいた誰が、交戦国である魏へと使者を案内したのかという説明がつかなくなる。そのため、戦いが終わった翌年の二三九年こそ、使者が派遣された年ではないかと考えられているのだ。

親魏倭王となった卑弥呼

「魏志倭人伝」には、魏の皇帝が卑弥呼を親魏倭王とし、たくさんの貴重な品々を与えたことが描かれている。

「(前略) 汝の来使たる難升米・牛利は遠きを渉り、道路に勤労せり。今　難升米を

以て率善中郎将《そつぜんちゅうろうしょう》と為し、牛利を率善校尉《こうい》と為し、銀印青綬《せいじゅ》を仮し、引見して労《ねぎら》ひ賜ひて遣はし還す。今 絳地交龍《こうじこうりゅう》の錦五匹、絳地縐粟《しゅうぞく》の罽《けい》十張、蒨絳《せんこう》五十匹、紺青《こんじょう》五十匹を以て、汝の献ずる所の貢の直《あたい》に答ふ。又 特に汝に紺地句文《こんじこうもん》の錦三匹、細班《さいはん》の華罽《かけい》五張、白絹五十匹、金八両、五尺の刀二口、銅鏡百枚、真珠・鉛丹各々五十斤を賜ひ、皆 装封して難升米・牛利に付す。還り到らば録受し、悉く以て汝が国中の人に示し、国家の汝を哀しむを知らしむ可し。故に鄭重に汝に好む物を賜ふなり」と。

「（前略）汝の使者である難升米と牛利は遠きをわたり、道中で苦労をした。（その功を嘉《よみ》し）いま難升米を率善中郎将となし、牛利を率善校尉となし、銀印青綬を仮《あた》え、引見して労い賜与して送りかえらせる。いま絳地交龍〔濃い赤地に蛟龍《こうりゅう》を描いた〕の錦を五匹、絳地縐粟〔濃い赤地の細い縮み織〕の罽〔毛織物〕を十張、蒨絳〔茜《あかね》染めの布〕五十匹、紺青〔濃い藍《あい》色の布〕五十匹により、汝が献上した朝貢の品物に答える。また特に汝に紺地句文〔紺地の布地に句連雷文《くれんらいもん》〈ジグザグ文様〉のある〕の錦を三匹、細班〔細かい華《はな》模様を班《まだら》に出した〕の華罽〔毛織物〕を五張、白絹を五十匹、金を八両、五尺の刀を二振り、銅鏡を百枚、真珠・鉛丹それぞれ五十斤を賜与し、みな包装のうえ封印して難升米と牛利に託す。（かれらが）帰り着いたら記録して受け取り、すべてを汝の国中の人々に示し、国家《わたし》が汝を慈しんでいることを知らしめよ。このために鄭重に汝に好みの品物を賜与するものである」と。

卑弥呼の使者である難升米と牛利に贈られた「率善中郎将」や「率善校尉」とは、異民族の有力者に与えられる官名だ。下賜品は、製作に数ヶ月以上を要する貴重な織物品に、一〇〇枚もの大量の銅鏡だった。

鏡は古代の墓や古墳から副葬品として出土するため、卑弥呼の実像に近づく可能性がある貴重な品として重要視されている。しかし日本では、これまでに邪馬台国の後の時代も含めて六〇〇〇枚近い銅鏡が出土している。果たして卑弥呼に贈られたのはどの鏡なのだろうか。

国立歴史民俗博物館准教授の上野祥史さんによると、鏡には時代時代の流行があるという。それを反映したのが鏡につけられた文様だ。後漢や三国時代につくられたとされる鏡のうち代表的なものを記しておこう。

七二ページで紹介した「内行花文鏡」は、北部九州に位置し、漢の時代から中国と深く関わっていた伊都国で見つかっている。伊都国の王の墓と考えられている平原遺跡からは四〇枚もの銅鏡が出土。そのうち五枚は直径四六・五センチと国内最大であり、日本に鏡

黒塚古墳から出土した「画文帯神獣鏡」（左）と「三角縁四神四獣鏡」（右）（写真提供：奈良県立橿原考古学研究所）

を伝えた中国でもここまで大きい鏡は出ていないという。

次に「画文帯神獣鏡《がもんたいしんじゅうきょう》」と「三角縁神獣鏡《さんかくぶちしんじゅうきょう》」。神獣鏡は、神仙思想の神と聖獣の文様が入っている。一九八八年（昭和六三）、奈良県の黒塚古墳から出土し注目されたのが、たった一枚だけ埋葬者の近くに大事に置かれていた鏡。それが画文帯神獣鏡だった。贈られた一〇〇枚の銅鏡は卑弥呼と魏の皇帝とのつながりを示す証だ。特別な鏡だからこそ、このように埋葬されたのではないかと考えられている。

一方、黒塚古墳からは棺の周囲から三三枚の三角縁神獣鏡も出土した。神と聖獣の文様があり、縁が三角形にとがっていることから三角縁神獣鏡と名づけられた。島根県の神原神社古墳から出土した三角縁神獣鏡には、卑弥呼が魏の皇帝に使者を送った年である、景初三年の年号が刻まれたものが見つかっている。
さらに、三角縁神獣鏡は近畿地方を中心に五〇〇枚以上も出土している。これほど多くの三角縁神獣鏡が出土するのは銅鏡一〇〇枚をもらった卑弥呼が、各地域の有力者との結び付きを深めるために鏡を複製し配ったためだと推測する研究者もいる。
いったいどれが卑弥呼の鏡なのか。謎は残されているが、いずれにせよ中国からもたらされた鏡が倭国の中で権威の象徴として用いられてきたことは、ゆるぎない。大国である魏から倭国を代表する女王として認められたことは、卑弥呼の権力をさらに高めるものであっただろう。

邪馬台国に起こった異変

その後も、卑弥呼と魏は交流を続けたことが「魏志倭人伝」に記されている。

正始《せいし》元年、太守の弓遵《きゅうじゅん》、建忠《けんちゅう》校尉の梯儁《ていしゅん》らを遣はし、詔書・印綬を奉じて倭国に詣らしめ、倭王に拝仮《はいか》す。幷びに詔《みことのり》を齎《もたら》し、金・帛《はく》・錦・罽《けい》・刀・鏡・采物を賜ふ。

倭王　使に因りて上表し、恩詔に答謝す。

其の四年、倭王、復た使たる大夫の伊声者《いせいき》・掖邪狗《えきやく》ら八人を遣はし、生口・倭錦《わにしき》・

絳青縑《こうせいけん》・緜衣《めんい》・帛布《はくふ》・丹木《たんぼく》の弣《ゆづか》の短弓・矢を上献す。

正始元年（二四〇）、帯方太守の弓遵は、建忠校尉の梯儁たちを派遣して、詔書と印綬を奉じて倭国に至らせ、（卑弥呼を親魏）倭王に拝仮した。ならびに詔をもたらし、金・帛〔絹〕・錦・罽〔毛織物〕・刀・鏡・采物を賜与した。倭王は（魏からの）使者に託して上表し、恩詔に答謝した。

正始四年（二四三）、倭王は、また使者である大夫の伊声者と掖邪狗たち八人を派遣して、生口・倭錦・絳青縑〔玉虫織の薄手の絹織物〕・緜衣〔まわたの服〕・帛布〔白絹の織物〕・丹木の弣の短弓〔赤い木のつかの短い弓〕・矢を上献した。

二四〇年には卑弥呼たちに金や絹などが贈られ、二四三年には卑弥呼が使者を送り、奴隷や織物などを魏に奉じたとある。しかし、次の記録には一転、邪馬台国に異変が起こっていることが記されている。

其の六年、詔して倭の難升米に黄幢《こうどう》を賜ひ、郡に付して仮授せしむ。

其の八年、太守の王頎《おうき》官に到る。倭の女王たる卑弥呼、狗奴国の男王たる卑弥弓呼と素《もと》より和せず。倭の載斯《さいし》・烏越《うえつ》らを遣はして郡に詣り、相　攻撃する状《さま》を説かしむ。塞曹掾史《さいそうえんし》の張政《ちょうせい》らを遣はして、因りて詔書・黄幢を齎《もたら》し、難升米に拝仮し、檄を為《つく》りて之を告喩す。

正始六年（二四五）、詔して倭の難升米に黄幢〔黄色の旌旗《せいき》〕を賜与し、帯方郡に託して仮授させた。

正始八年（二四七）、帯方太守の王頎が官に到着した。倭の女王である卑弥呼は、狗奴国の男王である卑弥弓呼とまえから不和であった。（そこで卑弥呼は）倭の載斯と烏越たちを派遣して帯方郡に至り、（狗奴国と）互いに攻撃しあっている様子を報告させた。（これに応えて帯方太守の王頎は）塞曹掾史の張政たちを派遣して、それにより（先に帯方郡まで届いていたが送られていなかった）詔書と黄幢をもたらし、（狗奴国との戦いの軍事的指導者である）難升米に拝仮し、檄文をつくって難升米に告喩した。

そこで二四五年、卑弥呼の側近である難升米に贈られたのは黄色い軍旗。軍隊の位置を示し、士気を高めるため団結を象徴化した、のぼりのような旗だ。二四七年の記述から、軍旗の用途がわかる。狗奴国と争いが行われていたのだ。

魏の後ろ盾を得ることで争いを収めようとしたと考えられている卑弥呼だが、その狙いは思い通りにはいかなかったようだ。狗奴国側からしてみれば、魏の後ろ盾を借りたからといって、遠い海を越えて中国から援軍が来るはずはないと考えていたのかもしれない。狗奴国側の心の内は定かではないが、ともかく抗争は続いた。

争いの行方はどうなっていったか。「魏志倭人伝」には、結末が書かれていないばかりか、より大きな謎を投げかける一文が記されている。前述した「難升米に拝仮し、檄文をつくって難升米に告喩した」。この文章の直後にくるのが、次の記述である。

卑弥呼　死するを以て、大いに冢《つか》を作る。径は百余歩、狥葬《じゅんそう》する者　奴婢《ぬひ》百余人なり。

卑弥呼が死去したため、大いに冢〔墓地〕を作った。（冢の）径は百余歩〔約一四十四メートル〕、殉葬する者は奴婢百余人であった。

卑弥呼が亡くなったのである。いかようにも解釈できる書き方から、卑弥呼は狗奴国との争いの最中に亡くなった、あるいは狗奴国との争いの責任を負わされて処刑された、など様々な説が存在している。

果たして、争いはどのような展開を迎えたのか。次章では、卑弥呼にまつわる最後の謎に迫りたい。

第5章 卑弥呼の最期と歴史の断絶

前章では、卑弥呼×三国志という視点から歴史上の英雄たちが織りなしたグローバルヒストリーを見た。では次に、その時代の奔流はどこへ向かうことになるのか。大河の行方を見つめることを本章の狙いとしたい。

しかし、それには大きな問題がある。倭国の王となった卑弥呼の最期について、「魏志倭人伝」には大きな墓をつくったということ以外に手がかりがない。狗奴国との争いはどうなったのか。さらに卑弥呼の後の時代は、歴史書の記録がない「空白の四世紀」となっている。断絶した歴史をどのように検証すればよいのか。

そうした状況に対して、卑弥呼の後の時代に倭国を治めた「ヤマト王権」に注目する研究がある。ヤマト王権がどのように成立したかを辿ることで、卑弥呼や邪馬台国との接点を見いだすことはできないかというのだ。最新の研究成果を交えながら、その野心的な挑戦を追っていく。

AIで読み解く古墳の分布

ヤマト王権の大きな特徴であり、シンボルとなるのが、世界でも類を見ないユニークな形の巨大な墳墓「前方後円墳」である。前方後円墳は日本列島の各地につくられており、小型なものを含めると、その数は約四七〇〇。今もなお発見が続き、数は増えている。

なぜ、これほどたくさんつくられることになったのか。その分布を調べることで、卑弥呼と狗奴国の争いの行方を解明しようとする研究が進んでいる。奈良文化財研究所・主任研究員の高田祐一さんは、ＡＩ（人工知能）を用いた古墳調査を行っている。

通常、古墳の発掘調査は、公共工事や民間開発が行われる際に実施されることが多い。そのため土地開発の機会が少ない山間部などでは、調査が十分に行われておらず、発見されていない古墳がまだ多くあると見られてきた。

そこで高田さんが注目したのが、二〇二〇年（令和二）に兵庫県が全国で初めて公開した航空レーザー測量による県内全域の地形データだった。ＡＩに過去の古墳の情報を学習させることができれば、その情報をもとに未知の古墳を発見することができると考えた。

ＡＩ調査の方法を簡単に説明しよう。まずＡＩに、既知の古墳情報を機械学習させる。前方後円墳や円墳などのある場所がどういった地形をしているのか、三次元地図データで読み込ませる。

古墳は森や木々に覆われていることが多いため、地形でその形を判断する必要がある。地表の隆起が詳細にわかる三次元地図データを入力することで、ＡＩに人間の目ではわかりづらい地表の詳細な特徴までも学習させるのである。

次に、広域の三次元地図データを分析させ、古墳と似た地形を候補地として洗い出す。

するとＡＩが、パソコンの地図上で網目状に区切られた場所のうち、「古墳が存在する可能性がある」と判定した複数のマス目を赤色で示す。赤色が濃くなるほど、古墳の可能性が高いという仕組みだ。予備実験で、古墳がある可能性が高いとされた候補地を実際にいくつか調べてみると、七七パーセントの正解率を示した。

このＡＩ調査で重要になってくるのが、過去の資料のデジタルデータ化だ。高田さんは膨大な時間をかけて文献を調べ、これまで発見された遺跡の記録を整理。それをデジタルデータ化し、ＡＩに学習させた。ＡＩが三次元地図データ上で新発見の遺跡を把握するためには、すでに発見された遺跡の場所を学習していることが不可欠だからだ。

遺跡などを記録する文化財の報告書は、国内におよそ一二万五〇〇〇冊あると言われる。その大半は紙やＰＤＦ形式で、データ検索もできない状態だった。高田さんは、このままでは遺跡情報が活用できないまま埋もれてしまうと危機感を覚え、デジタル化に力を入れてきた。

もともと、高田さんは大学院まで歴史学を研究するも、文化財関係の求人が少なく、銀行系のシステム会社に就職した経歴を持つ。システムエンジニアとして培ってきた技術が、転職した奈良文化財研究所で発揮されることになったのだ。

二〇二三年（令和五）、高田さんは、兵庫県たつの市と豊岡市で、地元研究者と協力して前方後円墳のＡＩ調査を行った。未発見の可能性が高いエリアを絞り込み、四回に分けて現地調査に赴き、古墳と確定できたものや、形状から古墳と考えられる遺構なども含めると、三四ヶ所の遺跡を新たに確認した。

これまで古墳は基本的に平地にあることが多いとされていたが、かなりの山奥でも発見されるなど想定外の成果にもつながった。研究者の持つ先入観を、ＡＩが突破する可能性を示したことになる。

なぜ東北地方を調査したのか

こうした成果を知り、取材班は高田さんに東北地方でもＡＩ調査を行っていただけないかと協力を仰いだ。東北地方に注目するのは、第三章で見たように名古屋経済大学特任教授の赤塚次郎さんが狗奴国のシンボルと考える「前方後方墳」が多くつくられており、それが卑弥呼と狗奴国との戦いの行方をうかがい知る手がかりになるかもしれないと考えたからだ。高田さんは多忙の中、この調査を快く引き受けてくださり、その意義を次のように語ってくれた。

「通常ならば、古墳がいま新たに見つかるということはほとんどありません。しかしＡＩを使えば、新たな古墳を発見することができる。日本列島の中でどんな勢力が広がっていったのかを、より詳細に分析できる一助になると期待しています」

東北地方をＡＩで調査するに当たっては、すでにわかっている古墳の情報をデジタルデータで入力。するとそれ以外にも、ＡＩは多数の前方後円墳の候補地を示した。そこで二〇二四年（令和六）一月、ＡＩが示した場所に実地調査に向かった。その一つが福島県小野町。高田さんに加え、考古学の専門家である新潟大学名誉教授の橋本博文さんと福島大学教授の菊地芳朗さんにも同行していただいた。

市街地からほど近い山林を上っていくと、わずかに地面が膨らんだ場所に到着した。位置情報をチェックし、ＡＩが指し示した候補地であることを確認。次に、三次元スキャナーを用いて、さらに細かい地面の凹凸を分析していく。パソコン上に現れた結果画面をのぞき込んだ研究者たちからは思わず笑みがこぼれた。

「円形の周囲に前方部と言いますか、そういうものが続いている」「前方後円墳に見えるね」。現地調査の結果、未知の前方後円墳である可能性が見えてきた。これが何を意味するのか。今後さらに調査・検証を行う必要があるが、名古屋経済大学の赤塚さんによる興味深い研究がある。古墳の分布マップだ。

出土物などをもとに、三世紀、四世紀と年代ごとに古墳を仕分け、それを地理情報と重ね合わせている。これらの成果を踏まえると、三世紀には前方後方墳が盛んにつくられて

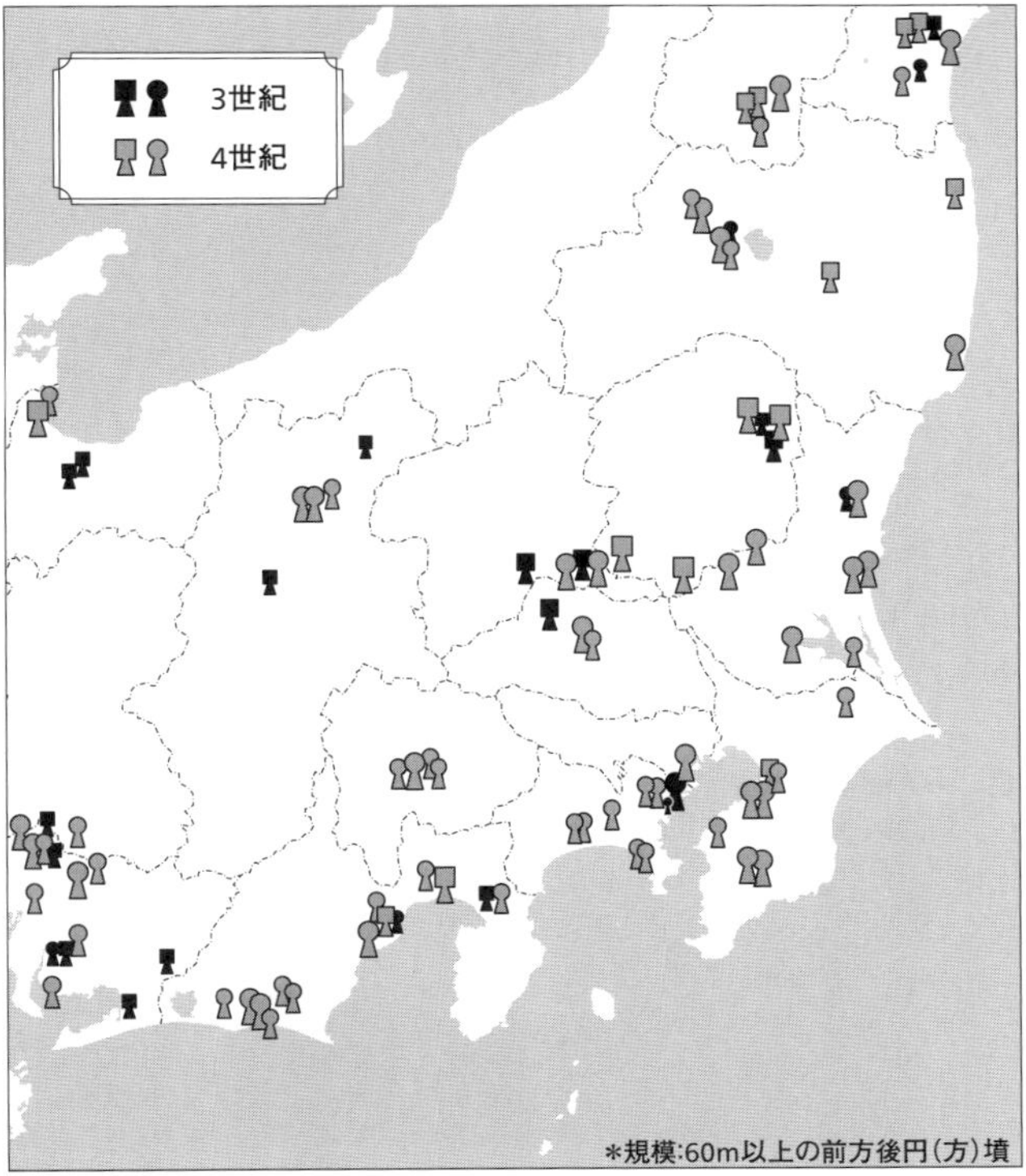

3世紀から4世紀にかけての古墳の分布マップ（名古屋経済大学・赤塚次郎「3.4世紀の古墳分布図」をもとに作成）

いた東北や東海地方に、四世紀には前方後円墳が増えていくことがわかる。

「前方後方墳から前方後円墳に切り替わるのが一つの画期になることは間違いないと思います。日本列島の大きな枠組みができあがっていく。これは日本の歴史上、初めてのことです」と赤塚さんは語る。

古墳は権力の証。その勢力範囲に別の古墳がつくられ始めるということは、既存権力の衰退を表していると考えられる。謎に包まれていた狗奴国との争い。前方後円墳をシンボルとする勢力が圧倒していった可能性が浮かび上がってきた。

倭国にもたらされた中国の土木技術

なぜ、前方後円墳が全国に拡大していったのか。そうした謎に迫る手がかりの一つとされるのが、古墳の築造技術だ。土木考古学の専門家、國學院大學教授の青木敬さんは、箸墓古墳に込められた高度な土木技術に注目している。

奈良県、纒向遺跡の南側にある箸墓古墳は、全長二八〇メートルの巨大な前方後円墳だ。その構造に最新の技術で空から迫ろうという研究がある。飛行機からレーザー光線を照射し、地形を正確に把握する赤色立体図を生成する方法である。レーザー光線を古墳に当て、木々に覆われる前の姿を浮き上がらせると、明らかになったのはこんもりとした外見とはかけ離れた驚くべき姿だった。

ほぼ左右均等で、階段状の構造をした幾何学的なデザイン。後円部は完全に近い円。前方部と後円部は滑らかな曲線でつながっていた。

箸墓古墳はおよそ一七〇〇年前につくられたとされるが、今も、その原型を留めている。巨大で堅牢な古墳をつくる技術は、それまでの日本列島では見られないものだったと青木さんは語る。

箸墓古墳の赤色立体図。色の濃い部分が赤色となる（図提供：奈良県立橿原考古学研究所、作成：アジア航測株式会社）

「箸墓古墳は正確な左右対称形つまりシンメトリックな形状が特徴です。しかしながら、正確に左右対称となるほど高度な設計でつくられた墓は弥生時代にはほとんどありませんでした。また箸墓古墳は墳丘の全長も二八〇メートルほどですが、弥生時代にこれだけ巨大な墳墓は皆無でした。箸墓古墳の築造には、少なく見積もっても数年単位という時間と膨大な労力が必要です。長い時間にわたって古墳築造に大勢の人々を従事させられるだけの富と権力、さらにその大勢の人々を統制できる人間がいないと、まずあの墓自体がつくれません。

では、どのように設計して大量の人数を投下して、空前絶後の規模を誇る巨大古墳である箸墓をつくったのかという問いが出てきます。弥生時代には墳丘をもった大型の墓、いわゆる弥生墳丘墓が存在します。しかし、弥生墳丘墓と箸墓古墳とを比較すると設計水準が全くといってよいほど異なります。弥生墳丘墓から続く墓づくりの技術と系統だけでは、箸墓古墳の築造を可能にする技術や設計などが説明できません。つまり、在地の伝統的な技術の延長で説明できないとなると、箸墓古墳の築造は、在地以外の地域や集団から築造を可能とする技術や人材を確保してはじめて達成できたのではないか」

箸墓古墳がつくられる以前、少なくとも近畿地方に巨大な前方後円墳は存在しなかった。それまでの墓は、小さいもので一辺が四メートル、大きくても八〜一二メートルほど。それゆえ、箸墓古墳は最古の巨大前方後円墳と言われている。いったい巨大な墓をつくる技術や能力はどこから来たのだろうか。

「三世紀の前半から中頃の朝鮮半島を見ても、まだこれほど巨大な墳墓はつくられていない。そういった巨大な墳墓をすでにつくっていた実績がある地域は、秦の始皇帝陵や前漢の皇帝陵の数々をはじめとする中国以外に見出せません。消去法的にみても中国の影響、あるいは中国や帯方郡などから人材が日本列島に渡来し、造墓などに際して技術的な指導を行った。こうした日本列島以外の地域の人材や技術を抜きにして箸墓古墳はつくれなかったと考えています」

青木さんは、箸墓古墳の技術は中国から伝わったものだと考えている。その一例が、卑弥呼が使者を送った、魏の洛陽城。内城全体の面積は約一一～一二平方キロだったという。広大な面積の巨大な城を支えるため、基礎工事には「盛土」という技術が用いられていた。洛陽城の発掘調査を行う中国社会科学院考古研究所の劉濤さんも、青木さん同様の考えを示している。

「魏の盛土技術には秘訣があります。それは、土を水平に何層にも積み重ねることです。中国の伝統技法であり、北京の紫禁城でも基礎を強化するためにこの盛土技術が用いられています。(この技術によって)当時、魏の皇帝は洛陽城という権威的な建物をつくり、その偉大さを誇示することができました。卑弥呼たちも魏の皇帝の真似をして、土木技術によって権力を示そうとした可能性は十分考えられると思います」

実験で明らかになった驚きの強度・耐久性

古墳に導入されたという盛土技術。その強度を検証するために専門家の協力を仰ぎ、小型の盛土サンプルを制作することにした。サンプル作成を手がけるのはキトラ古墳の修復工事を行った実績のある造園のプロフェッショナル・中造園だ。実験監修や評価は、地盤工学の専門家である防災科学技術研究所博士の大角恒雄さん、琉球大学工学部教授の松原仁さんに行っていただいた。

盛土サンプルは、横幅と奥行きは二メートル、高さは一メートルに設定し、土は、当時の材料に近い粘土や真砂土《まさど》などを何層にも重ねて再現した。重ねる際、まず真砂土を八センチの高さまで積み、それを木の棒で五センチにまで突き固める。次に粘土を八センチ積み、五センチまで突き固める。これを交互に行っていく。

四日間をかけ、当時と同じく手作業で行った。なお、盛土の中には、土の強度を出すために石灰石やセメント質をある程度配合して固める方法もある。「版築《はんちく》」と呼ばれる技術だが、これが日本で導入されるのは古墳時代以降と考えられるため、今回はそれ以前の技法で強度がどれほど出るのかを確かめることにした。

強度実験として、鉄球を三メートルの高さから投下する。その衝撃で加わる重さは、およそ二・五トン。盛土サンプルと比較するのは、真砂土一種類のみを固めたサンプルだ。真砂土のサンプルは、鉄球の威力に耐えきれずに崩れてしまった。鉄球が当たった場所から亀裂が入り、土砂崩れのような現象が起きた。

真砂土サンプル　　盛土サンプル

盛土の強度実験の様子（写真提供：日本冒険映像／大貫陽）

それに対して、盛土サンプルはどうだろうか。鉄球が落ちる瞬間を、固唾《かたず》をのんで見守った。「ドン！」と鈍い音が響き渡り、鉄球が当たった場所は陥没した。しかし、亀裂は広がることはなく、盛土はその姿を留めていた。何が強度を上げた要因となったのだろうか。土は種類によって、衝撃力の伝わり方が異なる。真砂土に粘土と層を重ねることで、衝撃を拡散したと考えられる。

さらに実験では、放水装置を使い、水への耐久性を調べることにした。中国から伝わったとされる盛土技術の耐水性を明らかにすることが狙いだ。

まず、真砂土一種類でつくったサンプルに放水する。すると、真砂土には大量の水が浸入。その勢いに耐えきれずに崩壊してしまった。一方、盛土サンプルは様子が違った。水に強い粘土層が、大量の水が内部に侵入することを防いでいた。そしてわずかに侵入した水に対しては、水はけの良い真砂土が外に排出する役目を担っていた。こうした性質の異なる層を重ねることで、崩壊を免れていた。

土の組み合わせにより、強度や耐水性を高める古代の人々の英知がうかがえる。実際の古墳では、こうした盛土の工夫に加え、つくる場所や装飾にも耐久性を高める知恵が詰め込まれていたと青木さんは語る。

「古墳がつくられる場所の水はけをとても気にしていた様子がうかがえます。水はけのよくない場所であると、雨水が浸透しても十分に排水できず、土壌に大量の水を含んでしまうことで崩れてしまう、地山と盛土との境界に水がたまってそこから墳丘が緩んでしまうことなどが考えられます。しかし、そういうことが起きた墳丘の例はほとんど見当たりません。どうやら、墳丘内部に浸透した雨水を墳丘にダメージを与えずに排水できるような土砂の選択と積み方があったようです。

また、古墳の墳丘表面や斜面を石で覆う、葺き石が備わる例も数多く存在します。これは墳丘を視覚的に際立たせるだけでなく、葺き石を全面に覆うことによって、必要以上に雨水が墳丘内部まで浸透しない工夫も施されているのです。墳丘づくりに際して、こうしたいくつかの技術的な工夫が、古墳の形を今に伝える大きな要因となったのではないかと考えています」

箸墓古墳は、災害大国とも言われる日本で、大雨や洪水にも耐え、今もその原型を留めている。

高度な技術力のシンボルとしての前方後円墳

これまで箸墓古墳を中心に、高度な築造技術を詳しく見てきた。それが、前方後円墳が全国に広まったこととどんな関係があるのか。一つには、水害に強い土木技術を保有していることは、古代日本において、勢力を拡大する上で有利に働いたと考えられる。

第一章で紹介した名古屋大学教授の中塚武さんの酸素同位体比年輪年代法を思い出してほしい。古気候学の研究から、弥生時代は、干ばつや洪水など異常気象が頻発していた可能性が示されていた。川が氾濫すれば田畑だけでなく、住居も押し流されることになる。暮らしを再建するためには土木技術は、切っても切り離せない存在だった。

古墳の技術は都市をつくる、水路をつくるなど、様々なことに応用できる、実用性に富んだ知恵の集積だ。國學院大學の青木さんは、優れた土木技術を保有していることを視覚的に広く訴えかけるシンボルとして、巨大な前方後円墳がつくられたと考えている。

「灌漑をするために水路を掘削する。これは当然のことながら大量の土砂が発生します。盛土で古墳をつくる場合は、そうした開発時に発生した土砂を古墳に使うことも考えられます。また、逆に丘陵などを削って墳丘とする古墳では、削って得た土砂を埋め立てや整地、あるいは堤防などに使うことができるわけです。土を掘って、削るという行為を介して、農業や灌漑、集落の整備や古墳づくりは、開発というキーワードで全てつながっていきます。開発を可能とする技術と人材なしに築くことができない巨大な古墳は、その地域の勢力がこうした高い技術と人材を擁することを顕示する役割も担っていたのではないでしょうか」

高度な技術力のシンボルとなる巨大前方後円墳。それを他の集団が目にした時の心理状況について、青木さんは当時の時代背景と重ねて次のように推測する。

「弥生時代から古墳時代へと移行する時期は、一時的に寒冷化した時期に重なることが指摘されています。それまで温暖だった環境でこそ可能だった農業生産の規模が、寒冷化に伴って縮小してしまった。すると人々は農業ができる場所に新たに移動するか、あるいは別のところから技術を供与してもらうことによって直面する課題を乗り越えていくかという選択を迫られることになる。言うなれば、地域が再編成される局面を迎えたのです。そのような状況では、飛び抜けた開発力や技術を持っている勢力は、他の集団からすると非常に魅力的に映ります。

そこで、こうした勢力から技術を供与してもらったり助けを求めたりするような関係があったのかもしれない。その見返りとして高い技術力を誇った勢力がいっそう支配力を強めていった、ということが背景にあったと考えています」

高い技術力を持つグループやネットワークに組み込まれたほうが、永続的な集団の経営には有利である。そうした人々の心理が前方後円墳を全国に広げたのではないか。その権力の中心が、最古の巨大前方後円墳である箸墓古墳であるとする説である。

箸墓古墳の謎

ヤマト王権のシンボルである前方後円墳。それでは、最古の巨大前方後円墳とされる箸墓古墳には誰が埋葬されているのだろうか。宮内庁が立ち入りを制限しており、いまだ多くの謎に包まれているが、八世紀に編纂された『日本書紀』が文献上の手がかりとなる。

数ある古墳のうち、築造の様子を事細かに記しているのは箸墓だけだ。

「人民が山から箸墓まで大勢立ち並び山の石を手から手へと渡して運んだ。昼は人がつくり夜は神がつくった」

神がつくったという特別な墓に埋葬されたのは、同じく『日本書紀』によると、第七代孝霊天皇の娘である倭迹迹日百襲姫命《やまとととひももそひめのみこと》と記されている。神の声を伝える優れた巫女であり、三輪山の神、大物主《おおものぬし》の妻だ。

夜の暗闇でしか夫と会うことがなかった倭迹迹日百襲姫命。ある時、夫の正体が蛇だと知り、驚き叫んだ。神は恥じて怒り、三輪山に去ることになる。悲しみ崩れ落ちた倭迹迹日百襲姫命は、その時に陰部を箸で突いてしまい死に至ってしまう。そのため倭迹迹日百襲姫命の墓の名は「箸墓」と呼ばれるようになった。

しかし、この『日本書紀』の記述は不自然であるという指摘もある。全長二八〇メートルの箸墓古墳に比べて、孝霊天皇の墓（片丘馬坂陵《かたおかのうまさかのみささぎ》）はおよそ二一メートルとされており、一〇分の一のサイズしかない。娘である倭迹迹日百襲姫命の墓が、天皇である親の墓よりも大きくなることについて、どう解釈したらいいのか。そのため、本当はより強大な王が葬られたのではないかと多くの研究者の想像をかき立ててきた。

空白の歴史は埋まるのか

そうした中で、発掘はできずとも箸墓の謎に何とか迫りたいと、様々な調査が行われている。例えば、最新の宇宙物理学を利用し、古墳には立ち入らず外から箸墓の内部を透視しようという挑戦だ。用いられるのは、宇宙から地球に降り注ぐ見えない素粒子ミューオン。目的は葬られた人物の手がかりとなる埋葬空間の形や数などを探ることだ。

ミューオンを捉える特殊フィルムを箸墓の外側に置いて透視する。通常、ミューオンは古墳の土に遮られ、少ない数しかフィルムに届かない。しかし、途中に空洞があった場合、フィルムに届くミューオンの数が増えるため、埋葬空間の有無や形がわかるのだ。この手法はかつて日本の研究者がピラミッド内部を透視し、世界で初めて未知の巨大空間を発見したことで知られている。

箸墓古墳がつくられた時期を科学的に調べる研究も行われている。箸墓の周濠の跡などから出土した土器の破片を調査。付着した炭素を分析して箸墓がつくられた年代を推定する研究だ。

国立歴史民俗博物館の「研究報告2011『古墳出現期の炭素14年代測定』」によると推定される完成時期は、西暦二四〇年から二六〇年の間だったと考えられるという。それまで完成時期については三世紀から四世紀にかけて様々な説があった。それが三世紀半ばの二〇年間に絞られたとするこの研究は、賛否両論の嵐を巻き起こすことになった。

仮に研究結果が正しいとした場合、箸墓古墳は古代日本を代表するあの有名な女性と接点を持つことになる。邪馬台国の女王、卑弥呼だ。卑弥呼はいつ頃に亡くなったのか。「魏志倭人伝」は「正始八年（二四七）、帯方太守の王頎が官に到着した。（中略）卑弥呼が死去したため、大いに冢を作った」という文章の流れになっていることから、二四七年と解釈されることがある。

また、七世紀にまとめられた中国の歴史書『北史』には、「正始中（正始という年号の中）

卑弥呼死す」と記されている。正始は、二四〇年から二四九年に当たる。もし調査研究が正しい場合、箸墓古墳は卑弥呼が没したまさにその時期につくられたことになる。

「魏志倭人伝」によると、卑弥呼は大きく盛り上がった墓に眠るとされる。箸墓古墳も近畿地方でそれまでにない大きな墓であった。また、卑弥呼は親魏倭王となり中国と密接な関係を持っていた。箸墓古墳の巨大で精緻な幾何学的なデザインも中国の土木技術を用いなければつくれないものであると考えられている。

大阪大学の福永さんは、年代や大きさなど、複数の条件から、箸墓古墳は卑弥呼の墓の可能性があると考えている。

「二五〇年前後で、これだけ大きな古墳をつくって葬送しないといけない人物と言えば、今のところ、一人しかいない。邪馬台国、そして倭国の女王であった卑弥呼というのが可能性としては大きいのではないか」

箸墓古墳の発掘調査が行われない限り、正確なことはわからない。しかし、仮に箸墓古墳が卑弥呼の墓であるならば、空白の歴史が埋まることになる。

卑弥呼とヤマト王権の関係

卑弥呼の死後、「空白の四世紀」を経て、この国は「ヤマト王権」が治めたとされてきた。

仁徳天皇陵古墳（写真提供：堺市博物館）

ヤマト王権の墓として有名なのが、世界遺産に登録された仁徳天皇陵古墳（大山古墳・大仙陵古墳）。五世紀中頃に築造されたと言われる日本最大の前方後円墳で、全長はおよそ四八六メートルだ。

天皇家のルーツとされる歴代のヤマト王権の王たちは、このように前方後円墳に葬られた。そして、卑弥呼の墓ではないかと考えられる箸墓古墳も前方後円墳である。こうした状況から、桜井市纒向学研究センター所長の寺沢薫さんは、卑弥呼とヤマト王権を結びつける、大胆な仮説を唱えている。

「前方後円墳は、ヤマト王権の祭祀と政治のシンボル。そこに卑弥呼がいたということですから、これはイコールなんですよ。卑弥呼という人は、ヤマト王権の最初の王ということになりますよね」

果たして、卑弥呼とヤマト王権とはつながっていたのだろうか。「魏志倭人伝」には卑弥呼の死後の様子が次のように記されている。

更《あら》めて男王を立つるも、国中服せず、更々《こもごも》相誅殺し、時に当たりて千余人を殺す。復た卑弥呼の宗女《そうじょ》たる壱与《いよ》、年十三なるを立てて王と為し、国中　遂に定まる。政ら檄を以て壱与に告喩す。壱与　倭の大夫《たいふ》たる率善中郎将《そつぜんちゅうろうしょう》の掖邪狗《えきやく》ら二十人を遣はして、政らの還るを送らしむ。因りて台に詣り、男女の生口三十人を献上し、白珠《はくしゅ》五千孔《こう》・青大句珠《せいだいくしゅ》二枚・異文雑錦《いぶんざっきん》二十匹を貢《みつ》ぐ。

あらためて男王を立てたが、国中は服せず、相互に殺し合い、この時にあたり千余人を殺した。また卑弥呼の同宗の女性である壱与という十三歳（の子）を立てて王となし、国中はようやく定まった。（それを見た）張政たちは檄文により壱与に告喩した。壱与は倭の大夫である率善中郎将の掖邪狗たち二十人を派遣して、張政たち（の帰国）を送らせた。それにより、（掖邪狗たちは洛陽の）尚書台に至り、男女の奴隷三十人を献上し、白珠五千孔〔孔《あな》を開けた白珠《しらたま》五千〕・青大句珠〔青玉〈ひすい〉で作った勾玉《まがたま》〕

二枚・異文雑錦〔中国と模様の異なるいろいろな錦〕を二十匹朝貢した。

卑弥呼の死後、男性の王が即位し、再び国が荒れた。そこで卑弥呼にゆかりが深い壱与という一三歳の少女を王として立てたところ、争いは収まったという。

卑弥呼の死後の日本列島

卑弥呼の死後、日本列島はどのような状況になったのか。すでに紹介したように、卑弥呼と争いを続けていた狗奴国を研究する名古屋経済大学の赤塚さんは、東海や東北など狗奴国の勢力範囲で用いられていたS字甕やパレス・スタイル土器に起きた変化に注目している。

それらの土器が、奈良県の纒向遺跡から出土しているのである。その現象は狗奴国が、ヤマト王権に合流したことを示していると赤塚さんは語る。

「出土物の移動から見ると、狗奴国の文化が倭国に入り込んでいく状況がうかがえます。戦いの後、東海地域の土器の動きがガラッと変化してくる。それがヤマト王権への道筋を示していると感じています。卑弥呼の死後、抗争を契機に、九州北部から関東の一部までを含めた日本列島の大きな枠組みができあがっていったのです」

卑弥呼の死後、日本列島に到来する古墳時代。その初期段階の発掘調査から、他にも特徴を指摘できる。傷ついた人骨の出土が少なくなるのだ。酸性の土壌で人骨自体が失われている可能性も否めないが、日本列島で争いが止んだことを示唆しているとも考えられる。桜井市纒向学研究センターの寺沢さんは、こうして日本列島が一つにまとまっていく様子は人類史的にも希有な出来事であると語る。

「日本列島においては、争いにより各地に王たちが生まれ、クニという輪郭をつくり上げてきた側面があります。こうした行為は人類にとって避けがたいものであろうと思います。ただ、それを何とか乗り切る方法として、卑弥呼が王権をつくったようなやり方がじつは存在した。そうした試みから生まれたのが、日本という国なのではないか、という気がします」

争いを終わらせ、一つの国をつくることに邁進した。それが、卑弥呼が礎を築いた邪馬台国の姿だったとしたら——。争いを繰り返す人類の歴史の中で、平和というものの可能性を感じさせてくれる説である。

もちろん、今も卑弥呼と箸墓古墳との関係については、激しい議論が続いている。箸墓古墳に眠るのは、ヤマト王権の初期の大王、崇神《すじん》天皇ではないかという説もある。他にも、卑弥呼の後に女王となった壱与ではないかという説も存在する。しかし、いずれにせよ、箸墓古墳は日本の始まりと深く関わると考えられている。今後の研究が進展することを願ってやまない。

第6章

「空白の四世紀」に何が起きたのか

前章までで見たように、日本の古代史において、四世紀は手がかりとなる記録が中国の歴史書からなくなることから、一般的に「空白の四世紀」や「謎の四世紀」と呼ばれている。

一方で、四世紀という時代は、卑弥呼が生きた三世紀と、「倭の五王」と呼ばれる倭国の王たちが活躍した五世紀をつなぐ、古代日本の国づくりを語る上で欠かせない重要な結節点でもある。文献史料が限られることから、考古学の分野で盛んに調査が進められ、研究者たちによって実像を浮き彫りにしようという試みが続けられてきた。

この章では、二〇二三年（令和五）に大きな注目を集めた奈良の富雄丸山《とみおまるやま》古墳の発掘調査および出土物のクリーニング作業を中心に、ついに明るみへと出た四世紀という時代を見てみよう。

「空白の四世紀」とは何か

そもそも「空白の四世紀」とは何か。この言葉の意味するところを理解するためには、前後の時代もあわせて考える必要がある。

三世紀は、卑弥呼が邪馬台国連合の女王として共立され、魏に使者を派遣した時代。卑弥呼の死後、壱与という少女が王となったことが「魏志倭人伝」に記されていたのは先述

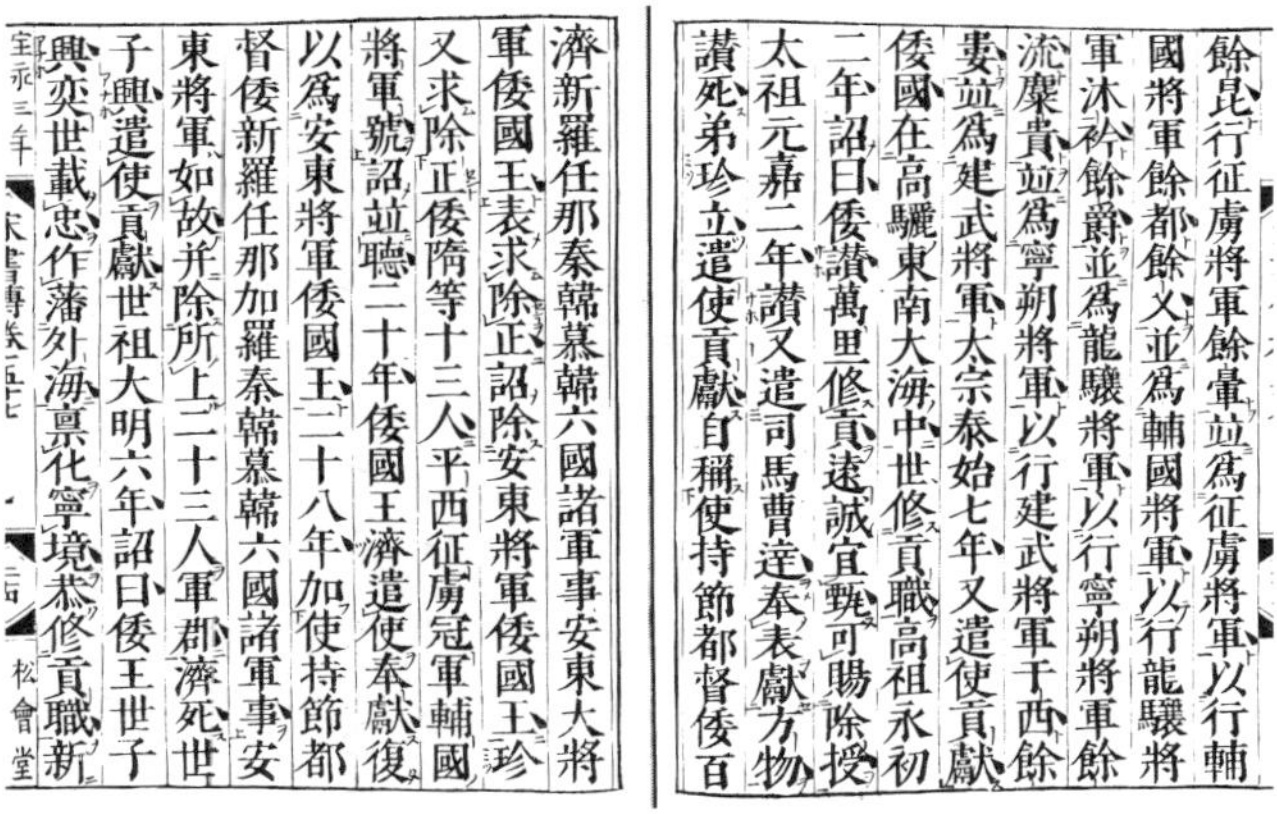
餘昆行征虜將軍餘暈並爲征虜將軍以行輔
國將軍餘都餘乂並爲輔國將軍以行龍驤將
軍沐衿餘爵並爲龍驤將軍以行寧朔將軍餘
流麋貴並爲寧朔將軍以行建武將軍于西餘
婁並爲建武將軍太宗泰始七年又遣使貢獻
倭國在高驪東南大海中世修貢職高祖永初
二年詔曰倭讃萬里修貢遠誠宜甄可賜除授
太祖元嘉二年讃又遣司馬曹達奉表獻方物
讃死弟珍立遣使貢獻自稱使持節都督倭百
濟新羅任那秦韓慕韓六國諸軍事安東大將
軍倭國王表求除正詔除安東將軍倭國王珍
又求除正倭隋等十三人平西征虜冠軍輔國
將軍號詔並聽二十年倭國王濟遣使奉獻復
以爲安東將軍倭國王二十八年加使持節都
督倭新羅任那加羅秦韓慕韓六國諸軍事安
東將軍如故并除所上二十三人軍郡濟死世
子興遣使貢獻世祖大明六年詔曰倭王世子
興奕世載忠作藩外海禀化寧境恭修貢職新

『宋書』倭国伝（写真提供：宮内庁書陵部図書寮文庫）

の通りだ。この次に古代日本に関する記録が中国の同時代史料上に現れるのは五世紀。当時、南北朝に分かれて争っていた中国王朝のうち、南朝の宋によって編纂された歴史書『宋書』に、「讃《さん》」・「珍《ちん》」・「済《せい》」・「興《こう》」・「武《ぶ》」という五人の倭国の王たち、いわゆる「倭の五王」が記されることで、古代日本は再び中国の記録上に登場する。

　つまり、四世紀という時代、古代日本は中国の記録から忽然と姿を消す。ただし、後述する通り、「広開土王碑《こうかいどおうひ》」と呼ばれる石碑や「七支刀《しちしとう》」という鉄剣に刻まれた銘文は存在しているため、四世紀の倭国に関する同時代の文字記録が全く残されていないわけではない。しかし、中国の記録上に手がかりとなる倭国に関する記述が残されていないのは確かであり、中国との国交が途絶えてしまったためか、その理由は定かではないが、文献史料から古代日本の動向をうかがい知ることはできない。

　こうした状況から、四世紀は「空白の四世紀」「謎の四世紀」と呼ばれるようになった。一方で、この「空白の四世紀」は古代日本における国づくりを考える上で、非常に重要な位置を占める。その理由もまた、三世紀に築かれ、最古の巨大前方後円墳とされる箸墓古墳と、五世紀に築かれた日本最大の前方後円墳・大仙陵古墳（仁徳天皇陵）の大きさを比較することによって見えてくる。

　まず箸墓古墳の大きさを見てみると、全長二八〇メートル。対して、大仙陵古墳は全長四八六メートル。じつに二〇〇メートルほどの大きさの違いがある。大仙陵古墳は世界の巨大な墓と比較してみても、エジプトのクフ王・大ピラミッド（二三〇メートル）や中国の秦の始皇帝陵（三五〇メートル）をしのぐスケールを誇る。

　さらに視野を広げて、国内の他の前方後円墳に目を向けてみても、誉田《こんだ》御《ご》廟山《びょうやま》古墳（四二五メートル）、上石津《かみいしづ》ミサンザイ古墳（三六五メートル）、吉備の造山《つくりやま》古墳（三六〇メートル）など、五世紀にはそれまでとは一線を画する巨大古墳がずらりと並ぶことがわかる。

エジプト・クフ王のピラミッド（写真提供：PIXTA）

日本最大の前方後円墳・大仙陵古墳〈仁徳天皇陵〉（写真提供：堺市博物館）

中国・秦の始皇帝陵（写真提供：CPC photo）

大型化する古墳

ここで、高校で用いられる歴史教科書、山川出版社の『詳説日本史』が、この時代についてどのように述べているかを見てみよう。

古墳が営まれた3世紀中頃から7世紀を古墳時代と呼び、これを古墳がもっとも大型化する中期を中心に、前期（3世紀中頃〜4世紀後半）、中期（4世紀末〜5世紀末）、後期（6〜7世紀）に区分している。古墳時代後期のうち、前方後円墳がつくられなくなる7世紀を終末期と呼ぶこともある。

つまり、三世紀から五世紀にかけて、日本列島の前方後円墳は大型化する傾向にあった。そこには、ただ大きさが変わったというだけではなく、注ぎ込まれる土木技術や人的労力、統率する人々の権力の変化があったことが想定される。他にも四世紀という時代を経て、日本列島の文化は大きな変化を遂げていったことが明らかになっている。

例えば、「魏志倭人伝」に記されていた「黥面文身《げいめんぶんしん》」という顔や身体に施した入れ墨の風習の消失、さらには祭祀の道具として珍重されていた銅鐸を製造しなくなることなど、その内容は多岐にわたる。

四世紀という時代を通して、古代の社会・政治構造や文化はどのように変化を遂げたのか、なぜ古代の人々は膨大なパワーを巨大古墳の建造に注ぎ込んだのか、何が様々な変化を古代日本にもたらしたのか。

こうした数多くの疑問に対する答えを知る手がかりとして期待されるのが、まさしく「空白の四世紀」の研究であり、文献史料だけでは迫り得ないことから、それは今も私たちを魅了してやまない、日本古代史における大きなミステリーとなっているのである。

日本最大の円墳・富雄丸山古墳

では、どのようにすれば、「空白の四世紀」の謎を解き明かすことができるのだろうか。史料が存在しない中で重要なカギを握るのが、有力者たちを埋葬した古墳である。そこには、葬られた人物の遺骨や当時の時代状況を知る手がかりとなる副葬品、埋葬に使われた棺といった目に見えるものから、長い年月を通して土の中に溶け出した化学物質といった目に見えないものまで、数多くのヒントが残されている。

しかし、前述した箸墓古墳と同様に、四世紀に築かれた重要な大型の前方後円墳の多くは、宮内庁が天皇や皇族の墓である「陵墓」として治定し、立ち入りは厳しく制限されている。研究者といえども、容易に発掘調査を進めることはできないのが現状だ。

後の時代となる五世紀の大仙陵古墳では、二〇一八年(平成三〇)と二〇二一年(令和三)の二回にわたって、宮内庁と堺市が共同で発掘調査を実施。墳丘の保全工事を見据えて、基礎となるデータの収集を行い、その過程で円筒埴輪の列を発見した。同じく近年、五世紀築造の誉田御廟山古墳でも専門家チームの立ち入り調査が行われたという例があるが、いずれもその調査範囲は限られたものとなっている。

ところがそうした状況の中で、二〇二二年(令和四)、「空白の四世紀」に迫る前代未聞の発見があった。現場は、奈良県奈良市の市街地から程近く、富雄川西岸に位置する富雄丸山古墳である。直径一〇九メートル、四世紀後半に築かれた丸い形をした日本最大の円墳で、東側には富雄丸山二号墳と三号墳という二基の円墳が隣接している。

発見について掘り下げていく前に、富雄丸山古墳について簡単に説明しておこう。その存在が確認できる早い例としては、江戸時代末期の一八五四年(嘉永七)に書かれた「聖《せい》蹟図志《せきずし》」という史料がある。絵図とともに「河上陵《かわかみりょう》(藤原帯子《たらしこ》の墓)」として記されており、古くから存在自体は知られていたことがうかがえる。また、出土地は不明ながら、富雄丸山古墳の北西にある弥勒寺には、三角縁神獣鏡が一面、江戸時代から所蔵されている。

明治時代に入ると、墳頂部で盗掘被害が発生するが、幸いにもその際に出土したと考えられる管玉や臼玉、鍬形石、石製模造品といった遺物を収集家だった弁護士・守屋孝蔵が

富雄丸山古墳。下方に粘土槨が見える（写真提供：奈良市教育委員会）

コレクションしていた。それらは、一九六八年（昭和四三）に京都国立博物館が購入し、現在は国の重要文化財として所蔵され、貴重な出土品として伝えられている。

日本中の注目を集めた「国宝級」の発見

さらに一九七二年（昭和四七）には、宅地造成の事前調査として墳頂部の発掘調査が実施されることになり、日本最大級の「粘土槨」という木棺を粘土で覆う埋葬施設を持つことが判明した。その後、四〇年近くにわたり奈良市の緑地公園として守られてきたが、平成に入り、古墳の麓《ふもと》で道の駅の新設が予定されたことを受け、奈良市教育委員会が五ヶ年に及ぶ学術調査を計画。二〇一七年（平成二九）度には第一次調査として航空レーザー測量、二〇一八年（平

粘土槨から姿を現した木棺（写真提供：奈良市教育委員会）

成三〇）度から二〇二一年（令和三）度にかけては、毎年発掘調査を実施し富雄丸山古墳の実像の解明に力を注いできた。

　こうして五ヶ年計画の最終年度となった二〇二二年（令和四）一二月。新たな埴輪列の確認など重要な成果をたずさえ、第一次から第六次にわたって続けられてきた調査がまもなく終わろうとしていた時、富雄丸山古墳の発掘現場は、世紀の瞬間を迎えることとなった。

　円墳の北東部に突き出た「造り出し」と呼ばれる場所の調査を進めていたところ、長さ七・四メートル、幅三メートル、深さ一メートルの長方形の墓坑（埋葬のために掘った穴）が見つかったのだ。そこには盗掘されていない粘土槨が残されており、この粘土槨を慎重に掘り下げていったところ、その場にいた誰もが目を見張るような物体が立ち現れてきたのである。

発掘調査によって姿を現したのは、粘土槨の中に埋め込まれるように置かれていた二つの出土品。二メートルは優に超える、蛇のように曲がりくねった刀身が特徴の巨大な鉄剣と、その鉄剣の下に重ねられた盾の形をした銅鏡だった。

発見からひと月が経った二〇二三年（令和五）一月、発掘調査を担当した奈良市教育委員会と橿原考古学研究所は記者会見を開き、この二つの出土物について、国内最大の「蛇《だ》行剣《こうけん》」と今まで出土例がない「鼉龍文盾形銅鏡《だりゅうもんたてがたどうきょう》」であると発表した。

「四世紀における鉄器の最高傑作と言っても過言ではない」と評された蛇行剣、そして国産銅鏡の証である鼉龍鏡特有の文様が精緻に施された盾形銅鏡。「国宝級の発見」としてメディアで報じられ、瞬く間に考古学ファンのみならず日本中の注目を集めるところとなったのである。

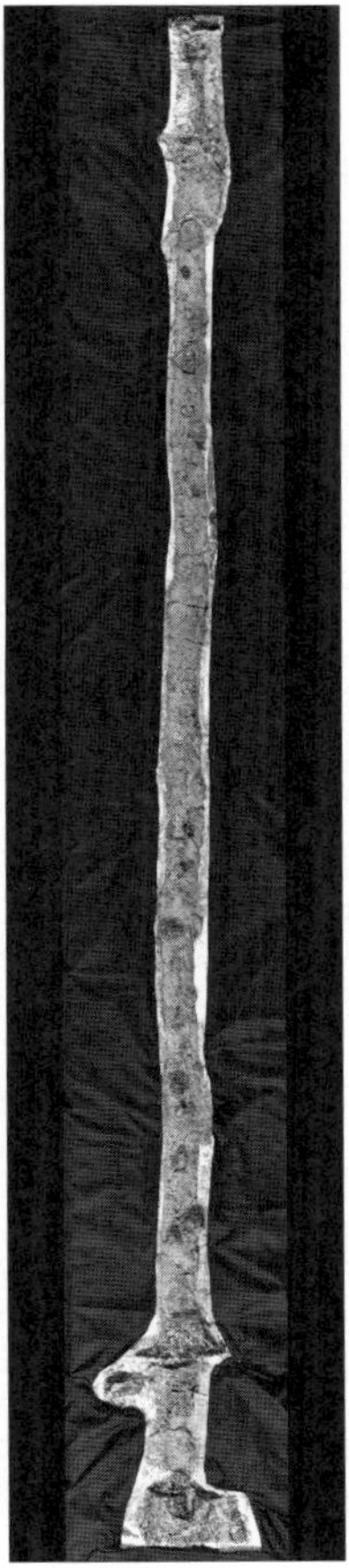
巨大蛇行剣（写真提供：奈良県立橿原考古学研究所）

姿を現した古代東アジア最大の鉄剣

大発見からちょうど一年あまり経った二〇二四年（令和六）一月、五ヶ年の計画を延長して発掘調査が続く富雄丸山古墳の現場を、奈良市埋蔵文化財センター・学芸員の柴原聡一郎さんに案内していただいた。

現場には覆屋《おおいや》と呼ばれる簡易的な建物が設置され、発掘現場を照りつける日差しや吹き付ける風雨から守っていた。二四時間の警備態勢も敷かれている。

「こちらが富雄丸山古墳の北東の方向に付いている『造り出し』と呼ばれる施設の一番上に存在する粘土槨という遺構になります。地面に竪穴を掘って、真ん中に木でできた棺、木棺を置いてから、周りを粘土でカバーをするようにした、四世紀の古墳ではまれに見られるような種類の埋葬施設になります」

覆屋の中に入ると、そこにあったのはおよそ一六〇〇年前に埋められたとは思えない、極めて保存状態のよい木棺。蓋の一部は壊れ、棺の中には土砂が隙間なく流れ込んでいたが、木棺の大部分は奇跡的にも腐って失われることなく残されていた。周りが粘土で覆われていたことで、缶詰めの中のように密閉されて酸素が欠乏し微生物の活動が抑えられた可能性や、青銅鏡から銅が溶け出し、殺菌効果が得られた可能性などが考えられるという。

ところが、出土した副葬品は一般的に、外気に触れることで急速に酸化反応を起こしてサビが進むことがある。今回も急ぎクリーニング作業と保存処置を行う必要があると判断され、現場で応急的な保存処置を施した後、慎重を期した取り上げ作業を経て、二つの出土品は保存科学のエキスパートを擁する橿原考古学研究所へと移されることとなった。

クリーニング作業を担当した橿原考古学研究所・総括研究員の奥山誠義さんは、蛇行剣が出土した当時を次のように振り返る。

「現場ではこの鉄剣が一本なのか二本なのか判断がつきませんでしたが、おそらく一本だろうと想定しながら、今後の作業工程についていくつものパターンを考えていました」

余りにも巨大な鉄剣――。出土した当時は土に埋もれていた状態だったこともあり、正確な全体像は明らかではなかった。しかし、橿原考古学研究所でX線写真を撮影したところ、全貌がくっきりと浮かび上がってきた。

全長は二三七センチ、刃部長は二一六センチ、刃部幅は六センチ、茎長は二一センチ。複数の鉄剣が重なりあって巨大に見えていたのではなく、紛れもなく一本の長大な鉄剣だった。X線写真には、刃部にうねりを生み出す六回の屈曲点も鮮明に映し出されており、巨大な蛇行剣であることが決定づけられた。

ちなみに、蛇行剣は日本で八五例、韓国南部で四例の出土が確認されており、出土自体は今回が初めてではない。しかし、これらはすべて四世紀末以降の古墳から出土したもので、四世紀後半に築かれたとされる富雄丸山古墳から出土した蛇行剣は最古の例となる。
さらに、これまでの蛇行剣の最大長は、奈良県・北原古墳から出土した全長八四・六センチ。鉄剣全体として見た場合でも、国内最大の例は広島県・中小田《なかおだ》第二号墳出土の全長一一五センチに過ぎない。そればかりか、二メートルを超える鉄剣は中国・韓国でも出土例はなく、今回見つかった蛇行剣は古代東アジア最大の鉄剣であると考えられるという。

類を見ない巨大蛇行剣は一体どのような目的をもってつくられ、なぜ富雄丸山古墳に納められることになったのか。蛇行剣とともに葬られた被葬者は一体どのような人物だったのだろうか。橿原考古学研究所へと運ばれた蛇行剣のクリーニング作業が進められていく過程で、それらの謎を解き明かす新たな事実が次々と明らかになっていった。

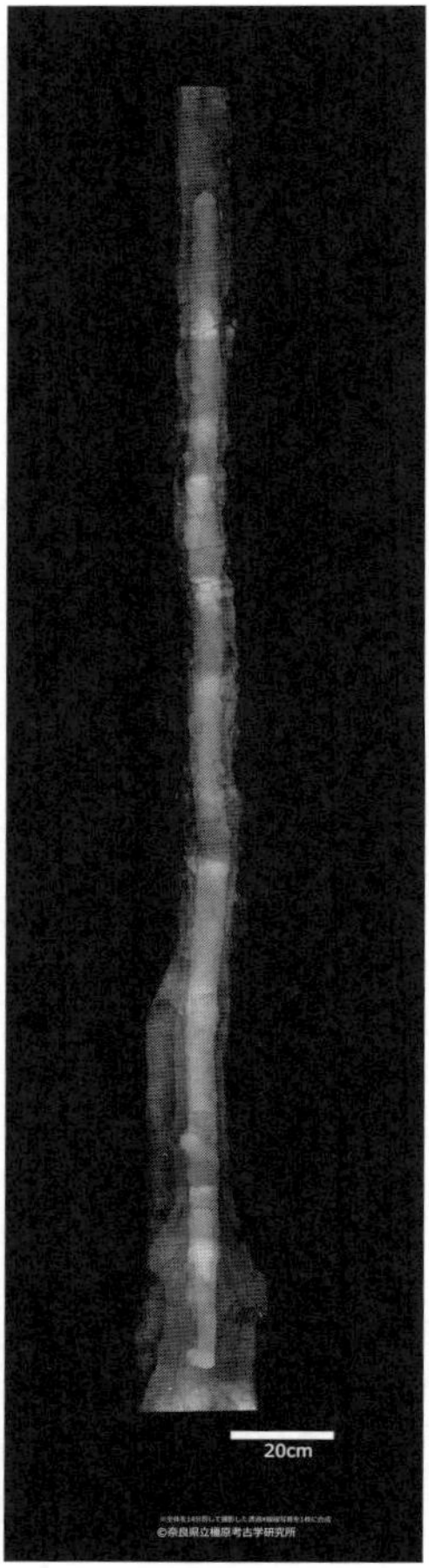

蛇行剣のX線写真（写真提供：奈良県立橿原考古学研究所）

浮かび上がってきた特殊な構造

そもそも富雄丸山古墳の発掘現場では、迅速に運び出しを行うことに加え、土の中に含まれる成分や有機質の痕跡を取りこぼすことがないよう、蛇行剣とともにそれを覆う土も残した状態で出土品の取り上げが行われた。そのため土を取り除き、肉眼では見えないような手がかりを確かめながら、本来の蛇行剣の全貌をよみがえらせようというのがクリーニング作業の目的だ。

作業は顕微鏡を使いながら、医療用メスや筆、竹串、縫い針でつくった独自の道具など、多種多様な器具を用いて少しずつ進められた。現場にはわずかな痕跡をも見逃さぬよう、呼吸一つ躊躇《ためら》われるような鬼気迫る緊張感が漂っていた。神経をすり減らす作業を、出土した際に地表側にあった天面《てんめん》、そして地中側にあった地面《ちめん》の順で進めていく。そうして見えてきたのは、数多くの文化財を取り扱ってきた橿原考古学研究所の研究者たちも驚くほどの内容だった。

まず天面を三ヶ月かけて調べた結果、明らかになったのは蛇行剣の装具の存在だ。剣を握る持ち手部分である「把《つか》」、そして刀身を納める「鞘《さや》」の痕跡が確認された。把と鞘は木製であり、その大部分は失われて跡形もなくなっていたが、装飾として塗られていた漆《うるし》、さらには赤色の水銀朱《すいぎんしゅ》がかろうじて姿をとどめていた。これらの痕跡は、装飾が施された可能性を示すだけでなく、把や鞘がどのような形をしていたのかを含む、正確な輪郭を知る上で重要なヒントとなりうる。

さらに二〇二三年（令和五）一〇月頃からは、地面のクリーニング作業も開始された。天面が上を向いていた巨大な蛇行剣を慎重に裏返し、こちらも天面同様、わずかな情報も逃さぬよう、丁寧に記録を取りながら作業を進めていく。

そして二〇二三年も終わりを迎えようとしていた一二月、地面のクリーニング作業から見えてきたのは、天面を超える貴重な成果だった。それは天面だけではわかりえなかった把や鞘の詳細であり、しかも刀剣の専門家が確認したところ、これまで前例のない特殊な構造をしていることが明らかになった。

剣か、刀か――巨大蛇行剣の全貌

具体的にどのような形状をしていたのか、その詳細を見てみよう。

まず把の大きさは、巨大な蛇行剣にふさわしい規格外のスケールである全長三八センチ前後。布や組紐などを巻く把間《つかあい》（手で握る部分）以外は前面に黒色の漆が塗られており、表面や側面には文様が施されているのが確認できた。注目すべきは、大きな楔形《くさびがた》の把頭《つかがしら》にある。

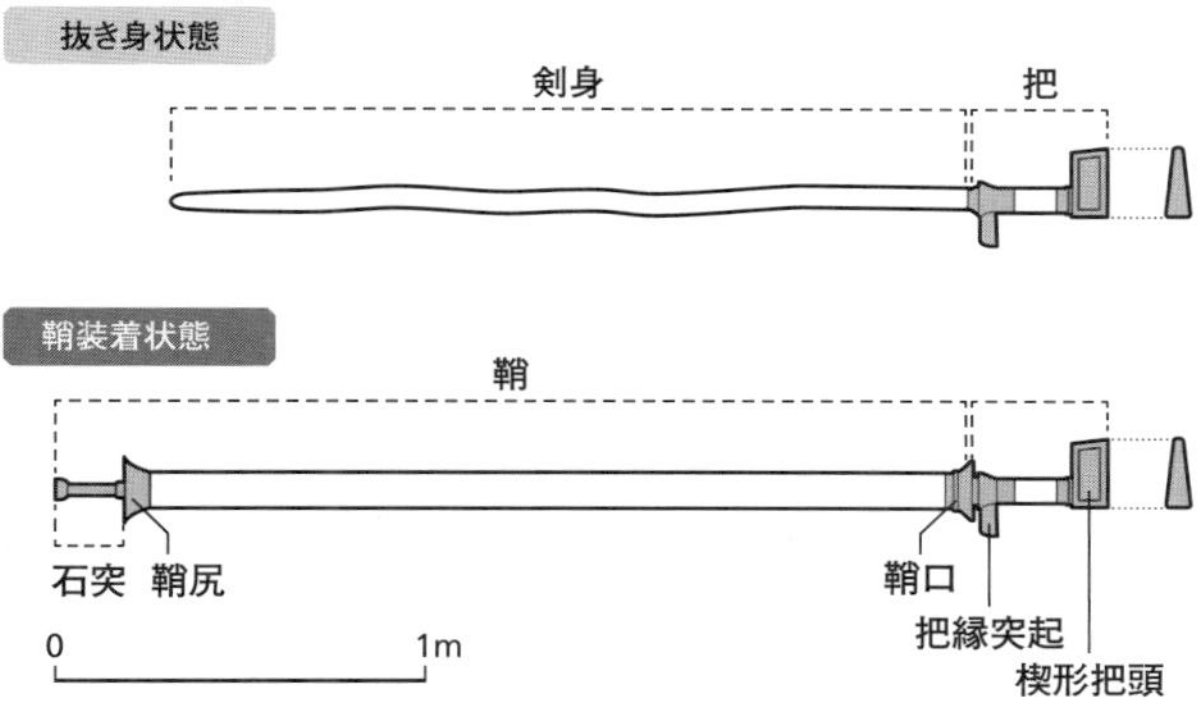

蛇行剣の把と鞘（奈良市教育委員会の復元図をもとに作成）

じつは、この楔形の把頭というのは、四世紀末以降の「刀」特有のものとされている。富雄丸山古墳で見つかった蛇行剣の把は、「剣」特有の把縁突起という特徴が認められる一方で、なんと「刀」特有の楔形把頭も持ち合わせていたのだ。それが四世紀後半につくられたと見られる蛇行剣から確認されたということは、最古の楔形把頭の時期を更新することにもつながる、驚くべきことだったのである。

一方で、鞘に目を転じてみると、全長は二四八センチに復元が可能。鞘口と鞘尻は黒色の漆で塗られており、こちらも文様があった。樹種を特定するために行った科学的分析の結果、使用された木材は広葉樹のホオノキであることも確認された。しかし、ここで最も注目すべきは、鞘尻の形。地面のクリーニング作業を進めたところ、蛇行剣の鞘尻には長さ一八・五センチの細長い「石《いし》突《づき》」がついていることが明らかになったのだ。

石突とは、把を上にして刀剣を立てて置くときに、鞘尻が地面に直接触れて壊れないように保護するためのものだが、今回見られたような細長い形状の石突はまったく例がなく、古墳時代の刀剣の鞘で確認できたのは初めてのことだった。

ホオノキ（写真提供：PIXTA）

要点を整理すると、富雄丸山古墳で見つかった巨大蛇行剣は、「剣」と「刀」のデザインを併せ持つハイブリッドとも言える構造の把を持ち、前例のない形状をした「石突」のついた鞘を備えていた。そして、把を装着すると蛇行剣は全長二五四センチ、鞘も装着すると二八五センチにもなることが判明した。

特に興味深い点は、やはり把が「剣」と「刀」のデザインを併せ持つことであり、四世紀末以降に盛んに行われるようになる刀装具・剣装具は、こうしたところから分化していった可能性があるとして、専門家の注目をひときわ集めることとなった。

半年を超える長期間にわたったクリーニング作業を通して、富雄丸山古墳の蛇行剣は、東アジア最大の鉄剣というスケール上の特殊性だけではなく、刀剣装具の系譜を考える上でも非常に重要な資料であることが浮かび上がってきたのである。

巨大蛇行剣に込められた役割とは

こうして、蛇行剣が四世紀の古代日本に迫る上で唯一無二の出土物であるということは、研究者たちの調査分析によって徐々に明らかにされていった。しかし、なぜこれほど巨大な、蛇行した鉄剣がつくられ、富雄丸山古墳に納められたかについては、依然として謎が残っている。

実用的ではない形、そしてその巨大さから、実際の戦いで使用するためにつくられたとも考えにくい。そこで一つの可能性として考えられるのが、被葬者を邪悪なものから守る「辟邪《へきじゃ》」の霊力を特に強化した副葬品という役割である。橿原考古学研究所・学芸アドバイザーの岡林孝作さんは、その理由として蛇行剣の大きさに着目する。

「例えば、中国の歴代皇帝は、名山に剣を埋めて山を鎮《しず》めるという儀式をします。山を鎮めることによって、国家そのものの安泰を願うことを皇帝の儀式としてするんですね。それに使われる剣にはすごく強い霊力があると当時の中国人は信じていたはずで、その一番長いものが一丈二尺だった。当時の倭人も、長ければ長いほど霊力が強いと信じていたでしょうから、非常に特別な思いを込めてつくっていた。そのように思います」

一丈二尺は、当時の一尺を二四センチで換算して、現在の長さで三メートルを超える。蛇行剣はそれには及ばないものの、およそ一〇尺＝一丈の長さ。キリのよい数字として、一丈剣を目指してつくられた可能性があるという。中国の皇帝が山を鎮めるためにつくった最長の剣に迫るほどの強い霊力を期待する意識がうかがえる。

そもそも古墳に納められる副葬品の主体は、時代とともに前期は銅鏡、中期は甲冑《かっちゅう》などの武器・武具に移り変わっていく傾向にある。だがその役割は、いずれも被葬者を邪悪なものから守る「辟邪」とされる。推測の域は出ないが、蛇行剣は特に強い、辟邪の役割を期待して納められた可能性もあるのではないかと指摘されている。

実験考古学で迫る古代日本の技術革新

続いて、技術的な視点から蛇行剣について考えてみるとどうか。前述の通り、蛇行剣はこれまで国内および韓国で見つかっているが、そのほとんどが日本で確認されていることから国産品だと推定されている。また、鉄器の製造方法は、溶かした鉄を鋳型《いがた》に流し込む「鋳造《ちゅうぞう》」と鉄素材を叩いて成形する「鍛造《たんぞう》」が存在するが、古墳時代末期まで一部の鉄製品を除き鋳造は行われた形跡はないため、この蛇行剣は鍛造でつくられたものと考えられ

床面にそのまま木炭を敷きつめて着火する「Ⅳ類鍛冶炉」(写真提供:淡路市教育委員会)

る。

では、二メートルを超える長大な蛇行剣はどのようにしてつくられたのか。当時の鍛冶《かじ》技術とはいかなるものだったのか。少しでもその根源に迫りたいと考え、取材班は鉄器研究の第一人者である愛媛大学教授でアジア古代産業考古学研究センター長の村上恭通さん、および、淡路市教育委員会に協力を仰ぎ、兵庫県淡路市にある五斗長《ごっさ》垣内《かいと》遺跡にて、弥生時代から古墳時代の鍛冶技術にどのような発展があったかを確かめる実験を行うことにした。

村上さんたちとともに復元したのは二つの鍛冶炉《かじろ》。一つ目は弥生時代、九州の外部に広く波及した「Ⅳ類鍛冶炉」。炉穴《ろあな》を掘り込まず、床面にそのまま木炭を敷きつめ

炉穴を掘り込んで着火する「Ⅱ類鍛冶炉」(写真提供:淡路市教育委員会)

て着火する簡易タイプの鍛冶炉である。二つ目は弥生時代から九州で使われていた「Ⅱ類鍛冶炉」。こちらは「Ⅳ類鍛冶炉」と比較して、炉穴を掘り込んでいるのが特徴の鍛冶炉である。

弥生時代と古墳時代の差を調べるため、炉の中に風を送る装置「鞴《ふいご》」も二種類用意した。一つ目は鞴の革袋が小さく、風の通り道である送風管の先に粘土を巻き付けたタイプ。この粘土は、送風管の先端が高熱で焼けないよう保護するために取り付けられたと考えられるもので、今回実験に協力していただいた五斗長垣内遺跡でも同様の粘土塊が見つかっている。

二つ目は鞴の革袋が大きく、風量を大きくしたもので、博多遺跡から出土した「博多型羽口《はぐち》」と呼ばれる大型の羽口を装着したタイプ。羽口とは、あらかじめ粘土を焼いてつくられた管状のパーツ

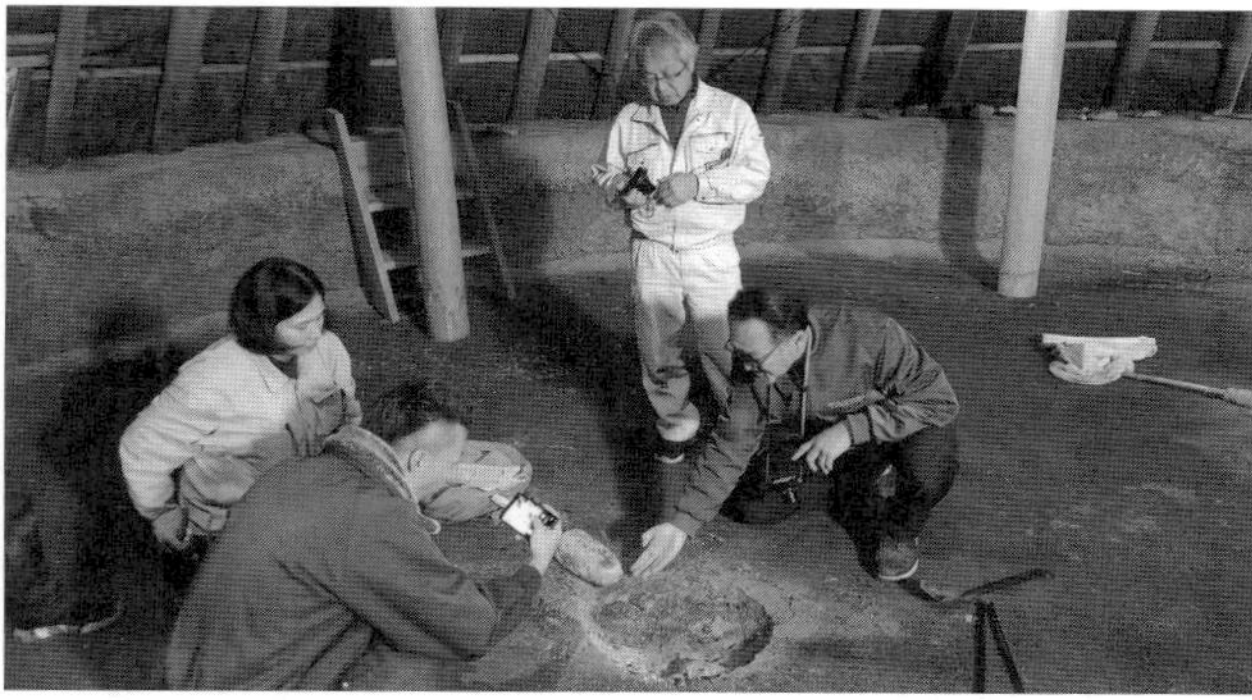

鍛冶実験の時の様子

で、こちらも送風管の先端に取りつけることで、高熱から送風管を保護する役割を持つ。

　こうして準備した二種類の鍛冶炉と鞴。「Ⅳ類鍛冶炉」には粘土を送風管の先端に巻きつけた鞴、「Ⅱ類鍛冶炉」には大型の羽口を使った鞴をそれぞれ用いて、火をおこして比較を行ってみると、大きな違いが明らかになった。それは、高温を生み出す範囲だ。

　温度を色で表示するサーモグラフィカメラで視覚化してみると、「Ⅳ類鍛冶炉」は羽口の先から直径五センチほどの範囲で一〇〇〇度に近い高温を記録し、周囲の低温域が広がった。一方で、「Ⅱ類鍛冶炉」は直径一五センチほどの範囲で同様の高温を記録し、それに準ずる高温域も広く、その差は歴然だった。

「真の鉄器時代」の到来

一体こうした技術はどこから生まれたのか。村上さんは、博多型羽口の起源が韓国の東海岸にあると語る。

「朝鮮半島、特に現在の江原道《こうげんどう》という韓国の東北部東海岸にある地域の遺跡で、そうした大型の羽口が発見されています。太く、長い羽口を使う鍛冶技術が東海岸のある地域から導入されたのだと思います」

今回、実験を行ったことで見えてきたポイントもあった。それは「Ⅳ類鍛冶炉」と「Ⅱ類鍛冶炉」の性能の違い。大型の羽口や大きめの革袋を用いた鞴を使用するという条件を除外して考えてみても、地面を掘り込んでつくった「Ⅱ類鍛冶炉」のほうがより蓄熱機能を持ち、最高温度域の範囲が広いということが確認できた。最高温度域の周囲では、鉄の素材に予熱を与えるといったこともできたであろう。つまり、弥生時代の段階で、九州と九州外部ではすでに大きな技術的な差が生じていた可能性が浮かび上がってきた。

村上さんは次のように分析する。

「古墳時代に入って初めて、鉄を自分たちの意思で形を変え、自分たちが使いたい形、用途の鉄器をつくれるようになっていったのではないかと思います。博多遺跡の羽口に見られるように、もとの鉄の素材に多少不純物が多くても新たな素材に再成できる、それ以前だったらもう捨てるしかなかったような鉄器でも再生できる。そういう時代になっていくわけです。

おそらく九州北部の鍛冶工人が持っていた鍛造技術も広がったと思われ、各地で大型の袋状の鉄斧などもつくられるようになります。より自立的な鉄器生産を実際にできるようになった時代ということで、弥生時代の鉄器生産から一つステップアップしたのではないかと考えています」

博多遺跡から出土した羽口には、もともと鉄素材の中に含まれていた不純物が付着していることがわかっている。不純物が含まれた鉄の素材であっても新たな鉄の素材に精製できる技術が、そこには確かにあった。そして、大陸から鉄器をつくる技術が伝わり、日本列島各地へ広がる中で様々な工夫が施されたのである。

蛇行剣のような長大な剣をつくり上げた具体的な製造方法についてはは正確にはわからず、今後のさらなる科学分析や研究の進展を待つ必要がある。しかし、今回の実験で確認できた高温を生み出す鍛冶炉や鞴といった技術の延長線上に、古墳時代の鍛冶技術は形づくられ、蛇行剣の製造へとつながっていったのではないかと見られる。

鼉龍文盾形銅鏡（写真提供：奈良市教育委員会）

唯一無二の出土品、鼉龍文盾形銅鏡

ここまで巨大蛇行剣について見てきたが、蛇行剣の下から出土した「鼉龍文盾形銅鏡」と命名された青銅鏡もまた、四世紀という時代を解き明かす上で唯一無二の出土品である。

じつは出土した当時、この盾形銅鏡は、背面に鋸《きょ》歯文《しもん》というノコギリの歯のような形をした文様が確認されたことから、盾形の銅板ではないかと考えられていた。ところが、発掘現場で粘土槨から取り上げる作業が行われ、緩衝材の上でゆっくりと裏返してみると、そこにあったのは古墳時代の国産銅鏡において代表的な鏡式である鼉龍鏡と呼ばれる銅鏡に特徴的な文様だった。想定されていた銅板ではなく、前代未聞の形をした銅鏡だったのである。そして、鼉龍鏡の文様を持つということは、この類例のない銅鏡が国産であることを物語っていた。

改めて鼉龍文盾形銅鏡の詳細を見てみると、長さ六四センチ、最大幅三一センチ、最大厚〇・五センチ、重さ五・七キロ。盾と鼉龍鏡が一体となったような形が最大の特徴の鋳造品である。これまで出土している銅鏡の大半は円形であり、一部で方形も存在しているが、盾形の銅鏡は初めてだった。

注目すべきは形状だけではない。銅鏡の背面には、鼉龍鏡の図像文様が線・半肉彫りという様式で表現されている、鮮やかで複雑な神像や獣像の姿が浮かび上がっていた。鼉龍とは、ワニの一種とされる、古代中国における空想上の生き物。その緻密な文様は、倭国独自のものであり、四世紀の日本列島における銅鏡製作技術を今に伝えるものだった。

ちなみに、銅鏡の背面中央には、直径四・八センチの鈕《ちゅう》と呼ばれる突起がある。そこには繊維質の痕跡が半円状に残っていたことから、幅広の織物が通されていたと推測されている。六世紀後半の奈良県藤ノ木古墳では、遺体の掛け布として使われた織物が水漬けの状態で残されていた例がある。盾形銅鏡が被葬者とともに納められた当時、何かしら織物のようなものがあわせて存在していたと考えられる。盾形銅鏡の背面が接していた粘土にも布地の織り目が確認されている。

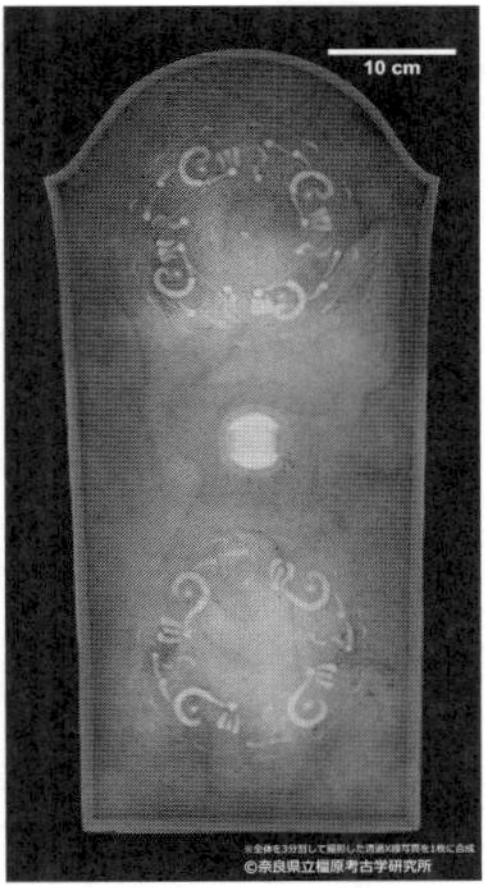

鼉龍鏡の文様（写真提供：奈良県立橿原考古学研究所）

桜井茶臼山古墳が明かす「国産化」の実態

こうして長大な蛇行剣とともに出土した、類例のない鼉龍文盾形銅鏡。この銅鏡についてもなぜこのような形状にしたのか、どのような役割が込められていたのかなど多くの謎が残され、今後の研究の進展が期待されている。一方で、二〇二三年（令和五）九月、その生産の実態に関わるとも言える重要な研究成果が発表された。

発表を行ったのは、蛇行剣や鼉龍文盾形銅鏡のクリーニング作業を担った橿原考古学研究所と大手前大学教授の森下章司さん。発表の内容は、三世紀末に築造された桜井茶臼山《さくらいちゃうすやま》古墳から出土した銅鏡の分析結果についてだった。

研究チームは、桜井茶臼山古墳に副葬されていた銅鏡の内容と数を明らかにしようと、細かな銅鏡の破片の三次元計測を行った。得られたデータの整理・分析を進めたところ、石室内になんと一〇三面以上の銅鏡が納められていた可能性が浮かび上がってきたのである。

それは、これまでに確認されてきた京都の椿井大塚山《つばいおおつかやま》古墳の三六面以上、奈良の黒塚古墳の三四面、新山古墳の三四面など、古墳時代前期（三世紀中頃～四世紀後半）の銅鏡大量副葬古墳をはるかにしのぐ、膨大な数だった。

桜井茶臼山古墳は、現在の奈良県桜井市に築かれた全長二〇四メートルの前方後円墳。

一九四九年（昭和二四）、橿原考古学研究所によって初めて発掘調査が行われた。この調査の結果、竪穴式石室は盗掘を受けていたものの、その中に長大な木棺が納められていたことが判明し、大きな話題となった。その後、二〇〇九年（平成二一）にも再び発掘調査が行われ、埋葬施設の構造調査とともに木棺を石室から取り出して保存処理を実施。この時、八一面を超える銅鏡が副葬されていたことが明らかになった。

しかし、出土した副葬品の中には、盗掘によりバラバラに割れてしまった数センチ大の銅鏡の破片が多数残されており、その全体像を解き明かす整理・分析は長年の課題となっていた。それがついに二〇二三年（令和五）、成果が発表されるにいたったのである。

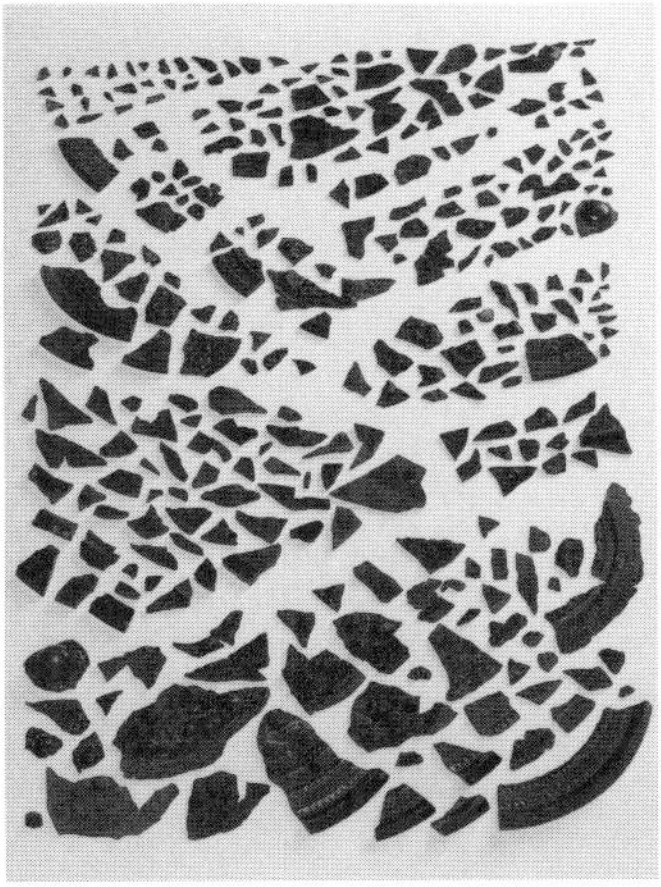

桜井茶臼山古墳で出土した銅鏡片（写真提供：奈良県立橿原考古学研究所）

銅鏡の破片の数は、一九四九年・五〇年に出土した三八点、二〇〇九年の三三二点、個人が所蔵していた一五点の合計三八五点。大部分は細かく割れた破片で、肉眼で見ても鏡の種類や面数を特定することは困難なものが多い。そこで、研究チームは最新の三次元計測技術によって破片に光を照射することで、凹凸を明確にして目では見えない文様まで確認することに成功した。

その後、三八五点すべてのデータをもとに復元と個体識別を行い、さらに国内外の銅鏡と比較することで銅鏡の種類を同定した。銅鏡の多くは破片の残っていない、失われた空白部分がほとんどを占めている状態であったため、その作業は難解なパズルを組み合わせるような困難さを伴ったが、地道に調査を進めた結果、一〇三面以上の銅鏡が納められていたことが明らかになった。

見えてきた初期ヤマト王権の姿

研究者たちの関心は、数量だけでなく、そこに含まれる銅鏡の種類にも集まった。

出土した銅鏡を分類していくと、中国で製作された内行花文鏡や画文帯神獣鏡などの「中国鏡」、卑弥呼が魏から与えられたとも言われる「三角縁神獣鏡」、そして倭製内行花文鏡や倭製鼉龍鏡などの古代日本で製作された「倭製鏡」の、三つのグループに大きく分けられることが判明したのだ。種類の異なる、膨大な数の銅鏡は、果たして何を意味するのだろうか。

そもそも銅鏡は、弥生時代以来、中国から大半を輸入していたものだった。研究チームの代表者である橿原考古学研究所の岡林さんは、そうした輸入の中国鏡と国産鏡が同時に、かつ大量に出土したことに注目。古墳時代に本格化する各種器物の「国産化」の実態を知る手がかりになると考えた。

「鏡は、特に古墳時代前期は副葬品として非常に重要視されていました。桜井茶臼山古墳にはその鏡が非常に大量にあり、かつ輸入されたもの、そして、それをモデルに国内でつくられたものまで満遍なく揃っている。ということは、古墳の被葬者が大量に輸入された鏡をストックしており、それをもとに国産品として倭製鏡を大量に製作したり、またそれを各地の豪族に配布したりするなど、鏡の流通の全体をコントロールするような立場にあったことがうかがわれます」

桜井茶臼山古墳の銅鏡を通じて見えてきたのは、初期の「ヤマト王権」という、王を中心とした豪族たちの連合勢力の姿だ。これまでヤマト王権は、各地の勢力と緩やかにつながる、その中心的存在だとみなされることが多かった。だが、岡林さんは今回の研究成果がそうした王権のイメージに一石を投じることになると指摘する。

「王権のもとに、原材料として青銅や鉄、石などが大量に集積され、そこにそれらを加工していく技術、新たなものをつくり出す発想のようなものが加わって、様々な国産品がつくられるようになっていく。そのことを象徴的に示すのが桜井茶臼山古墳であり、副葬品の内容から見えてくる状況なのだと思います。そして、最終的にその延長上に非常に特殊で高度な技術を駆使してつくられた（蛇行剣や鼉龍文盾形銅鏡のような）器物が生まれてくるのだろうと思います」

続く発掘調査と、新たな発見

蛇行剣と盾形銅鏡を取り上げた後も、残された謎を解くカギを求めて、富雄丸山古墳では第七次となる調査が継続された。二〇二三年（令和五）一二月から二〇二四年（令和六）にかけて、木棺の中に流れ込んだ大量の土砂を少しずつ取り除いていく作業が進められ、さらなる副葬品が残されていないか発掘調査が行われたのだ。

そこで新たな発見があったのが、木棺の中央にある主室という部分。粘土槨の中に納められていた木棺は、コウヤマキという日本固有の針葉樹の丸太一本をくりぬいてつくられた「割竹形木棺」と呼ばれるもので、スギを加工した二枚の仕切り板によって棺内を三分割されていた。内訳は、中央の主室（長さ二・四メートル）、頭側の副室（長さ一・三メートル）、足側の副室（長さ一・三メートル）である。

そのうち被葬者が納められていたと考えられるのが中央の主室であり、被葬者の頭があったと想定される位置を中心に真っ赤な「水銀朱」が検出された。さらに、水銀朱が一番濃い部分では、人骨に由来すると考えられる元素のリンを多く含んでいることが分析の結果明らかになった。長い年月を経て、すでに姿は失われてしまっているが、確かに人体埋葬がなされていたのだろう。

さらに発掘調査チームの注目を集めたのは、土の中から現れた新たな副葬品の存在だ。木棺の中にたまった土砂を取り除いていくと、中央の主室部分、被葬者の足側から小型の竹製品が出土した。全長一四センチ、幅二センチ。幅が狭く縦に長い形状をした「竪櫛《たてぐし》」と呼ばれるもので、発掘を進めた結果、最終的には合計九点が確認され、うち二点は全体の形がよくわかるほどきれいにその姿をとどめていた。

割竹形木棺の内部（写真提供：奈良市教育委員会）

古墳時代の竪櫛は、かんざしのように髪型を整える装飾品として使われていたと考えられるが、葬送儀礼における重要なアイテムでもあったとされる。専門家によっては被葬者が女性ではないかという推測もなされているが、これだ

木棺内から出土した青銅鏡（写真提供：奈良市教育委員会）

けでは残念ながら決定打とはならず、性別の特定までには至っていない。

富雄丸山古墳に葬られたのは誰か

一方、足側の副室でも副葬品の発見があった。鏡面を上に向けた状態で、重ねて置かれた三面の青銅鏡が見つかったのだ。銅鏡は一面見つかるだけでも、被葬者の権力を示す証として大きな意味を持つ。その発見自体は、富雄丸山古墳の造り出し部分に葬られた人物の性格を考える上で重要なものとなったが、副葬品はその他には確認されず、結果として、同時期の他の古墳に比べるとその数の少なさが目立つ内容となった。

発掘調査を担当した奈良市埋蔵文化財センターの柴原さんは、富雄丸山古墳に葬られた人物についてこのように分析する。

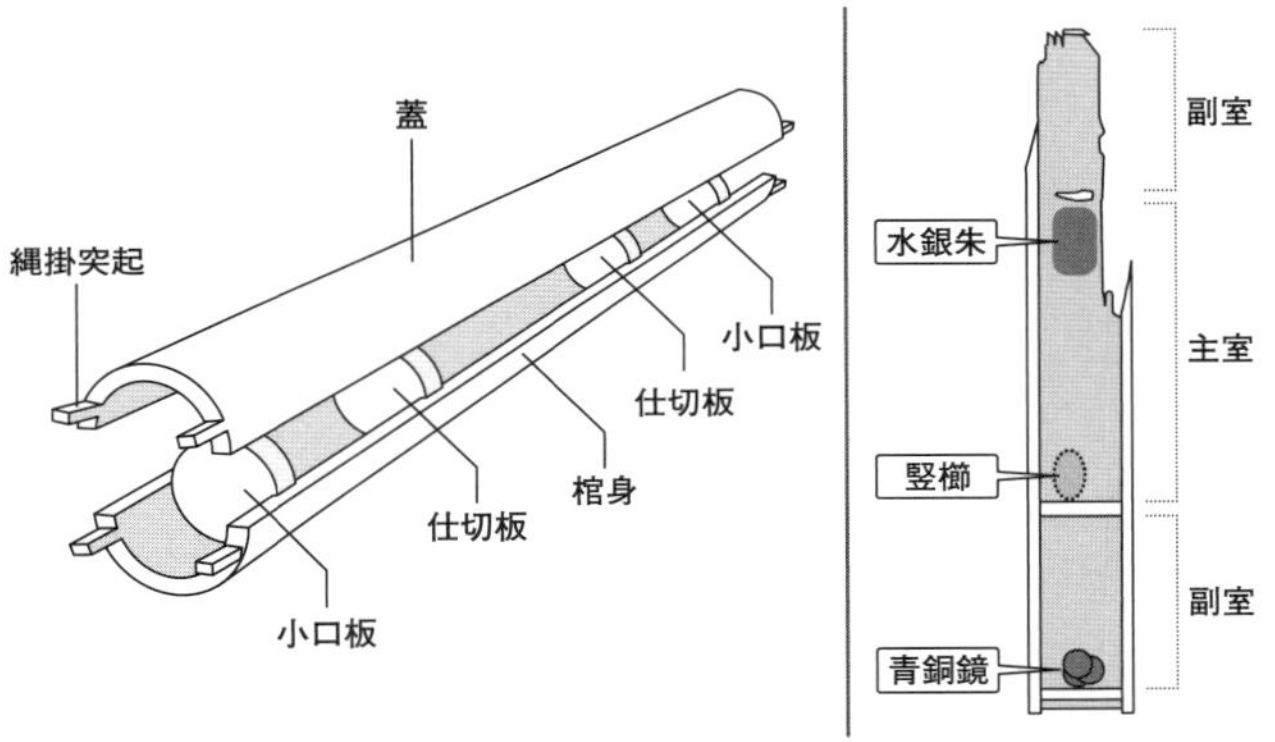

木棺内の構造と副葬品の出土位置（奈良市教育委員会の資料をもとに作成）

「富雄丸山古墳があるところは、周りに同時代の古墳群があまりない古墳の空白地帯で、ここから少し離れた佐紀古墳群のエリアが、この時期の最高権力者である大王の墓がつくられたところになります。そこから離れており、なおかつ前方後円墳ではなくて造り出し付円墳の形でつくられているということは、佐紀古墳群をつくった勢力と少し距離を置くような人物だった可能性もあると思います」

ちなみに、極めて保存状態のよい形で残されていた木棺は考古学上、注目に値するもので、蓋の断面部分である小口には、「縄掛突起《なわかけとっき》」と呼ばれる突起が一ヶ所残されていた。割竹形木棺に縄掛突起があるのが確認されたのは、実物資料としてはこれが初めてのことだった。木棺の蓋と本体の前後には、こうした縄掛突起が合計で八ヶ所あったと推定され、突起部分に縄をかけて木棺を密閉したものと考えられる。また、木棺内部を仕切る円形の仕切板や小口板がそれぞれ垂直に立った状態で残されていた。こうした形をとどめたままであることも非常に珍しく、この時代の木棺の詳細な構造を知る上で重要な資料になるという。

このように、現状では被葬者の人物像を解明する決定的な手がかりは見つかっていないものの、考古学上、特筆すべき成果が多数挙がり始めている。今後、出土した副葬品の分析やさらなる発掘調査が進むことで、富雄丸山古墳をめぐる謎が明らかになることが期待されている。

第7章 ヤマト王権と朝鮮半島情勢

前章では、「空白の四世紀」と呼ばれる時代について、四世紀後半に築かれた富雄丸山古墳の発掘調査を中心に、前代未聞の出土品である蛇行剣と盾形銅鏡をめぐる最新の調査研究を踏まえて紐解いてきた。それは、初期ヤマト王権の知られざる姿に迫ろうという研究者たちの挑戦をたどる作業でもあった。

この章では、その後「空白の四世紀」が明けようという四世紀末から五世紀はじめの倭国について、現代にいたるまで長い交流の歴史を持つ朝鮮半島とのつながりを糸口にして見ていく。

五世紀とは、大きな力を誇った倭の五王が登場する直前の時代。東アジア、そして倭国は激動の時代を迎えていた。台風の目となっていたのが、朝鮮半島北部に君臨した古代国家、高句麗。広開土王と呼ばれる王が、朝鮮半島南部に勢力を拡大させており、戦乱の余波は遠く離れた倭国にも届こうとしていた。

こうした状況下で、なぜ島国として位置する古代日本が、朝鮮半島で勃発した動乱へと身を投じていくことになったのか。東アジア各地に残された貴重な手がかりから、文献史料には記されていない実像に迫っていこう。

発見が相次ぐ韓国の前方後円墳

そもそも、四世紀末の東アジアは一体どのような状況にあったのだろうか。この時代を解き明かしていく鍵が、海を隔てた先、朝鮮半島に今も残る前方後円墳である。

少し時代は下るが、およそ五世紀後半から六世紀前半にかけて、朝鮮半島の西南部、現在の韓国・栄山江《ヨンサンガン》流域に築かれたもので、その姿は日本列島で見られる前方後円墳と瓜二つ。台形と円形を組み合わせた鍵穴の形をしている。

韓国ではその形状から、研究者によって様々な呼び方がなされており、「前方後円墳形古墳」や瓢箪《ひょうたん》のような形をした韓国の伝統楽器・長鼓《チャンゴ》とよく似ていることから「長鼓墳《チャンゴブン》」などと呼ばれることもあるが、本書では統一して「前方後円墳」という名称で表記する。

朝鮮半島の前方後円墳をめぐっては、じつは、近年もその発見が相次いでいる。そのうちの一つが、二〇二二年（令和四）、全羅南道《チョルラナムド》の西部にある羅州《ナジュ》市で高速道路の建設工事を行っていたさなか、新たに見つかった一基の前方後円墳だ。朝鮮半島における前方後円墳はこれで一五基目、羅州市においては初めての発見となり、韓国KBSニュースなどでその発見は大きく報じられることとなった。

二〇二三年（令和五）一一月、発掘調査を担当した蔚山《ウルサン》文化財研究員・調査研究部長の金賢植さんに、羅州市の現場で話をうかがった。取材班が足を運ぶと、そこは周囲に畑が広がる小さな丘のような場所だった。冬が近づきつつある中、なおも生い茂る草木をかき分けながら、丘を登るように金さんの後に続くと、一見するとわかりにくいが、目の前に前方後円墳らしき土の盛り上がりが姿を現した。

「ここが、つい最近確認された前方後円墳です。私たちが前方後円墳だと推定したきっかけはトレンチ（試掘坑）でした。円筒型土器片と積石と推定されるものがトレンチ探査によって確認されたのです。そのため、ここに墓があるかもしれないと疑いを持つようになりました」

そのトレンチ探査を行った当時は、取材時よりもさらに多くの草木が茂っていた。墓の可能性があると考えた金さんたちは、そうした周辺の草木をすべて取り除き、全体の形態を確認した。すると、後円部にあたる部分に少し凹んだような痕跡が見つかり、この陥没部分にもトレンチ探査を行ったところ、石室の壁と推定される石を発見したという。この石を確認したことで、それまでに抱いていた前方後円墳ではないかという金さんの疑いは確信へと変わった。

「これまで光州《クァンジュ》市や咸平《ハムピョン》郡、海南《ヘナム》郡など、全羅南道の西部地方から前方後円墳がまんべんなく出てきています。今回、羅州市で初めて前方後円墳が発見されたことで、改めてその分布圏を確認することができました」

朝鮮半島に築かれた前方後円墳、光州月桂洞１号墳（奥）・２号墳（手前）

調査・整備が進められ、石室の内部構造が明らかにされている前方後円墳もある。その一つが、光州市にある月桂洞《ウォルゲドン》一・二号墳。一号墳は全長四五・三メートル、二号墳は全長三三メートルで、現在、周囲には商業施設や団地が並び立っている。一号墳の後円部には横穴式石室があり、その中で「玄門立柱」と呼ばれる方柱状の石材を立てた様式が確認されていることから、九州北部と共通する構造を持つと指摘されている。

さらに、咸平郡で見つかった新徳古墳《シンドッゴブン》という前方後円墳で

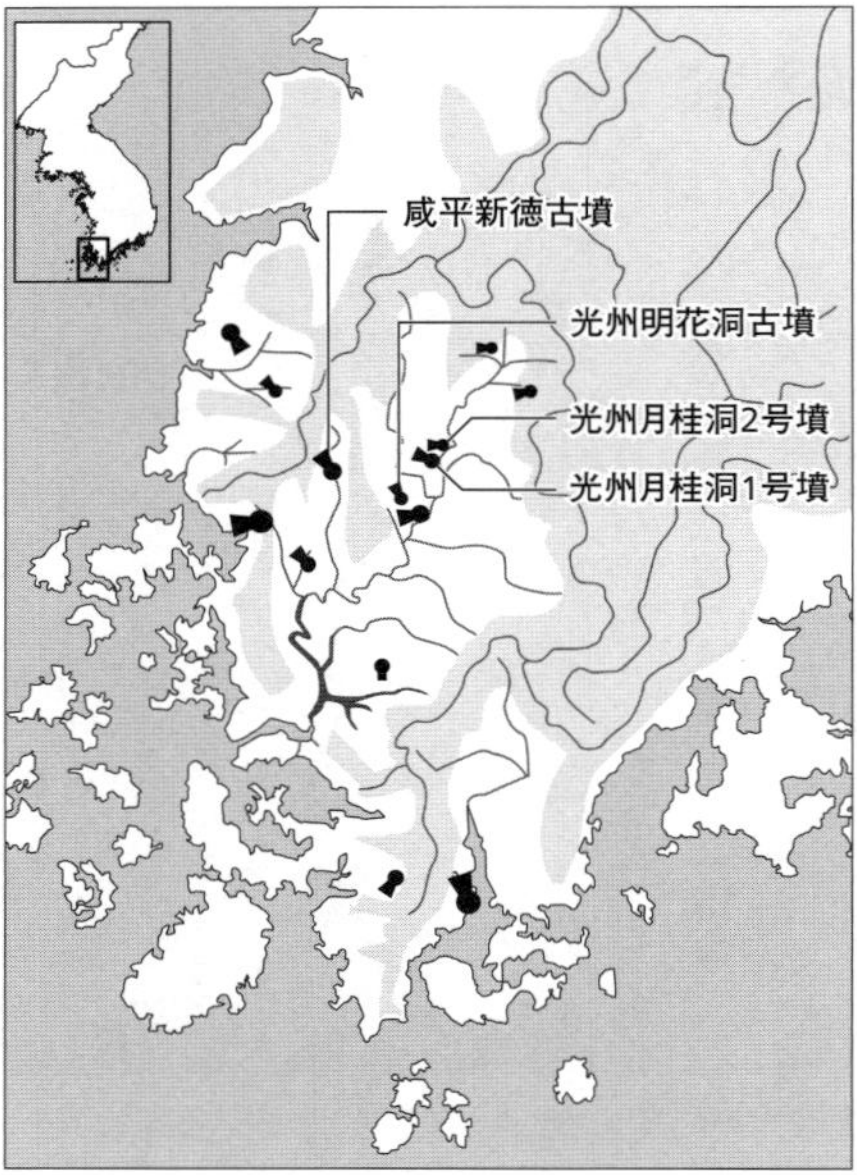

朝鮮半島の前方後円墳分布図（『立命館文学』632巻、崔榮柱論文の資料をもとに作成）

は、九州北部の古墳で見られる共通の特徴として、石室内部の壁に赤い顔料が塗られていたほか、古墳の墳丘部分を覆う葺き石も確認された。光州市の明花洞《ミョンファンドン》古墳でも、日本列島にだけ分布するとされてきた埴輪が出土。前方後円墳という形状だけではなく、その築造方法に至るまで日本列島のものと極めてよく似通っていることが明らかになっている。

なぜ韓国に前方後円墳は築かれたのか

前方後円墳は、ヤマト王権のシンボルであり、日本列島特有の墳墓と考えられてきた。

しかし、ここまで見てきた通り、近年の発掘調査の進展によって、朝鮮半島にも存在することが証明され、古代日本、特に九州とのつながりを示す共通点を数多く持つことが明らかになっている。

果たして、なぜ前方後円墳は朝鮮半島にも存在するのか。これらの前方後円墳が五世紀後半から六世紀前半にかけて築かれるようになったのは、それ以前に一体どのような経緯があったからなのだろうか。その前に、韓国の前方後円墳をめぐる調査研究の経緯を簡単にまとめておこう。

この謎をめぐる研究の歴史は、およそ四〇年前にさかのぼる。一九八三年、韓国の考古学者・姜仁求《カンイング》が、それまで日本列島特有と考えられてきた前方後円墳が韓国にも存在すると主張したことが始まりだった。日韓の考古学界では、これをきっかけに改めて前方後円墳の起源が大きな注目を集めることとなる。

さらに一九九〇年代に入ると、朝鮮半島各地の前方後円墳で発掘調査が進展。石室内部の構造や出土品などの確認も進み、その実態が明らかになるにつれて、誕生の経緯をめぐる議論も盛んに行われるようになっていった。

特に議論の焦点となったのは、前方後円墳に葬られた人物像について。これまで日韓両国の考古学者によって、次のような大きく三つの説が類型化され提示されてきた。①地元

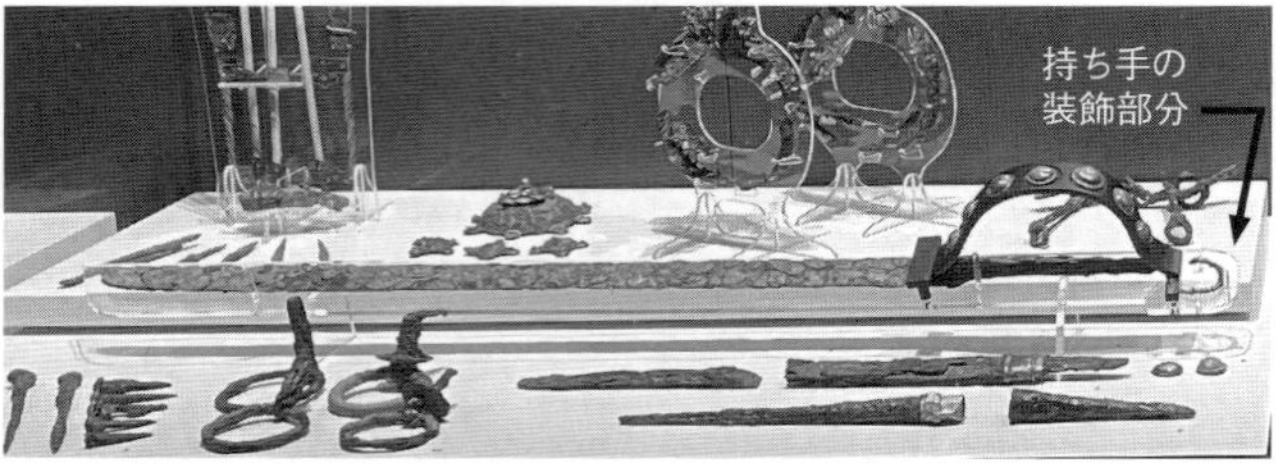

新徳古墳から出土したねじり環頭大刀（中央）。持ち手部分にねじったような装飾がある

の首長が倭国で盛んだった古墳の形式を取り入れたという「在地首長説」。②当時、朝鮮半島に存在していた百済という国に仕えた倭人の有力者の墓という「倭系百済官僚説」。③朝鮮半島に集団で移住した倭人の墓とする「倭人説」である。

問題を複雑にした理由は、前方後円墳から出土した副葬品の内容にある。例えば、咸平郡の新徳古墳を例に挙げると、持ち手部分に棒をねじったような装飾が施された「ねじり環頭大刀」という出土品が見つかっているが、これは韓国では見られない古代日本起源とされる製品である。しかし、それと同時に出土した槍や馬具、甲などは、百済に由来するとみられるものだった。

すなわち、朝鮮半島で見つかった前方後円墳には、倭国だけでなく、朝鮮半島の様々な国とのつながりを示す国際色豊かな副葬品が納められていたのである。

現在、新徳古墳で見つかった副葬品を所蔵している国立光州博物館・学芸員の盧亨信《ノヒョンシン》さんは、倭国や百済に由来する副葬品が出土するのは、権力を象徴する威信財として賜ったからであり、そこにはそれぞれの勢力と密接な関係が築かれていたのではないかと分析している。

「この前方後円墳の主については、非常に様々な解釈があります。しかし、お墓の主が誰であろうと、副葬品が多様な文化的特徴を示していることから、様々な文化と交流を持っていた人物である可能性がとても高いと考えています」

韓国では前方後円墳だけでなく、倭国の古墳の形式を取り入れたとみられる円形の古墳、「倭系円墳」も複数存在している。代表的な倭系円墳の一つが、高興雁洞古墳《コフンアンドンゴブン》。その副葬品の内容からは、被葬者の人物像についていずれかの説を決定づけるものは今のところ見つかっていない。とはいえ、倭系の甲冑とともに、百済の特徴を持つ金銅製冠帽や飾り履が出土。ここでも葬られた人物が多様な交流、文化的背景を持っていたことがうかがえる。

初めて韓国の前方後円墳の存在を指摘した考古学者・姜仁求は、古墳時代における他の文化や技術とともに、前方後円墳という形が朝鮮半島で生み出され、日本列島に伝わったと考えた。ところが、前方後円墳の発掘調査、さらには納められていた副葬品の調査分析が進むにつれて、当初の想定とはまったく逆の流れが明らかになってきた。つまり、前方後円墳という墳墓の形式は日本列島で生まれ、その後、朝鮮半島へと伝わったという流れである。

日朝関係史研究の第一人者で、大阪大学大学院への留学経験も持つ慶北《キョンブク》大学教授・朴《パク》天秀《チョンス》さんは、前方後円墳の起源が日本列島にある理由として、出土物から割り出された日本と朝鮮半島それぞれの古墳が築かれた時期に注目する。

「韓国で発見された前方後円墳は、すべて五世紀末から六世紀初めにつくられたものですが、日本の前方後円墳は三世紀中頃にはつくられています。そのため、日本に起源を持つと考えるのが正しいと思います」

前方後円墳に眠る被葬者が誰かという問題については、いまだ議論が続けられており、それぞれの研究者によって百家争鳴《ひゃっかそうめい》の状態にある。しかし、共通した見解として考えられているのは、倭国と海を隔てた先の朝鮮半島が密接につながり、前方後円墳という日本特有と考えられていた墳墓が確かに海を渡っていたということである。そのことが必ずしも倭国の勢力範囲の拡大を意味するわけではないことに十分な注意を払う必要はあるものの、当時の人々は文化を持ち寄り、相互に授受する形で交流を積み重ねていたことがわかる。

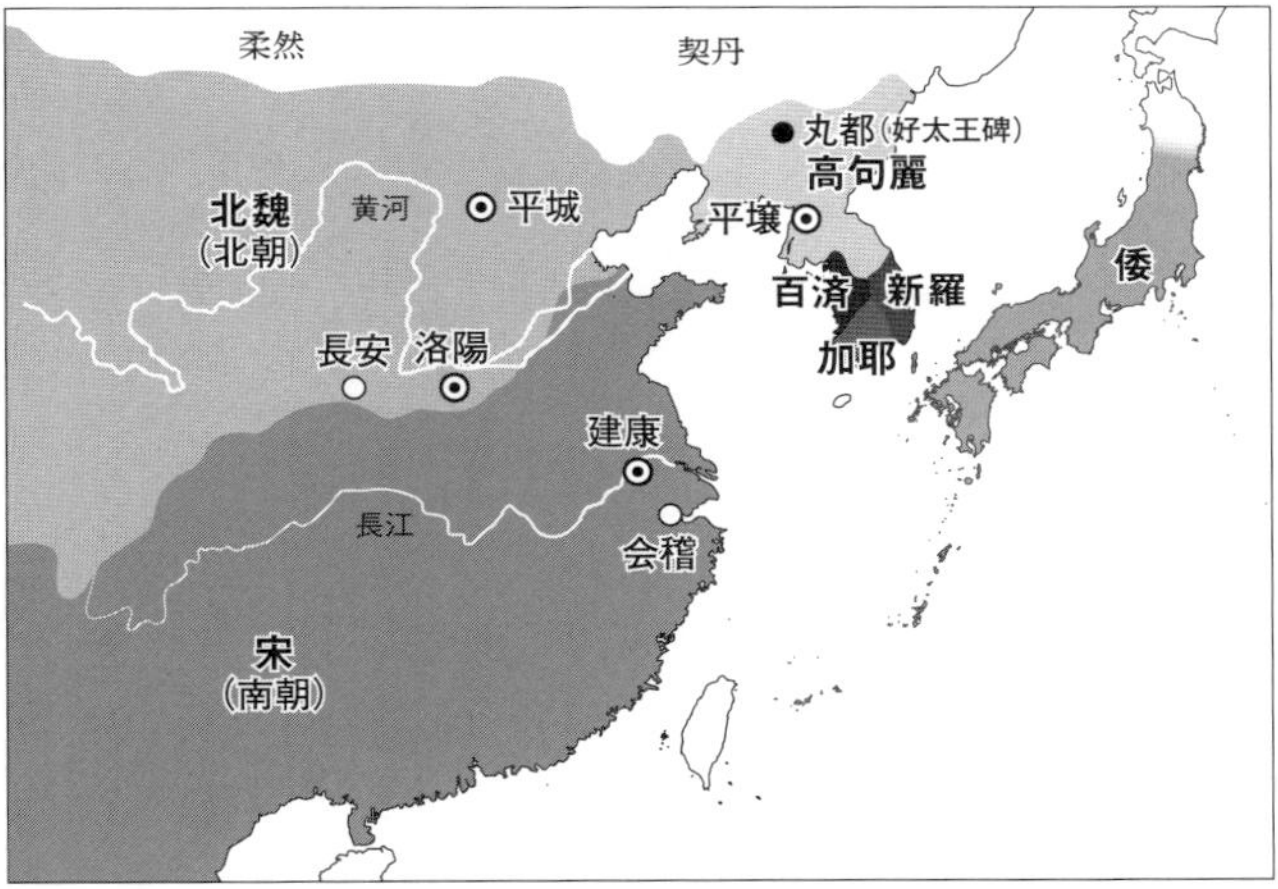

南北朝時代、5世紀の東アジア勢力図（『詳説日本史図録』〈山川出版社〉をもとに作成）

激動の東アジアと朝鮮半島情勢

ここからは倭国と朝鮮半島が密接につながっていた背景を探っていくために、視野を東アジア全体の情勢へと広げてみよう。朝鮮半島に前方後円墳が築かれたこの頃、東アジアは激動の時代を迎えていた。中国は魏・呉・蜀が並び立つ三国時代が終わりを告げた後、晋が国内を統一。しかし四世紀初め、北方から匈奴《きょうど》という騎馬遊牧民族が勢力を拡大したことで、再び中国王朝は南北に分裂していく。

その後、江南と華北に統一王朝が併存する、いわゆる南北朝時代に突入。南朝は四二〇年の宋の成立、北朝は五胡十六国を統一した四三九年の北魏の成立に始まり、五八九年に隋が中国統一を果たすまで、およそ三世紀の長きにわたって統一政権を欠く不安定な政情が続いていくこととなる。

一方、朝鮮半島でもこの頃、一般的に三国時代と呼ばれる動乱の時代を迎えていた。戦乱の中で強力な中央集権を失った中国王朝が、それまで及ぼしていた東アジア周辺地域への支配力を弱めたことが大きな引き金になり、高句麗、百済、新羅という大きく三つの勢力が鼎立する事態につながっていたのである。

高句麗は紀元前一世紀頃、現在の中国遼寧《りょうねい》省東部、中国と北朝鮮との国境を流れる鴨《おう》緑江《りょうこう》近くに建国したと考えられる国家で、一世紀には中国王朝の後漢に朝貢。中国皇帝から正式に高句麗王として認められ服属していたが、やがて反抗に転じるようになっていく。

その後、後漢から帝位を奪った魏とも対立し、時に魏の侵攻によって大きな損害を被りながらも命脈を保ち続け、中国東北部から朝鮮半島北部へと勢力を拡大していった。そして三一三年には、朝鮮半島における中国王朝の拠点であった楽浪《らくろう》郡を滅亡させ、その地を領有するに至る。

こうして高句麗が朝鮮半島への勢力拡大の足場を築いていた四世紀頃、朝鮮半島南部でも大きな変化が生じる。二世紀から三世紀にかけて、馬韓《ばかん》五十余国、弁韓《べんかん》一二国、辰韓《しんかん》一二国に分かれていた小国家群の統一が進行。三四五年頃、中西部では現在のソウル市南部を拠点として、馬韓の伯済《はくさい》国が百済へと発展した。さらに三五六年には、東南部でも辰韓の斯盧《しろ》国を中心にして新羅が成立する。

また南部の弁韓の地では、狗邪国を中心にして加耶諸国の一つである金官加耶が形づくられたほか、大加耶、小加耶、阿羅加耶なども成立。小国の集まりである連合国家として加耶諸国が存在感を見せるようになっていく。その後、七世紀に至るまで、朝鮮半島ではこうした勢力の対立と友好関係が、めまぐるしくも複雑に移り変わる情勢が続いていくこととなる。

前方後円墳が朝鮮半島に築かれたのは、まさにこうした激動の状況に置かれていた時代であり、倭国もまた東アジアのそれぞれの国や勢力と結びつき、時に距離を保ちながら、決して一面的ではない複雑なつながりを持つようになっていた。前方後円墳が海を渡ることになったのは、互いの存亡をかけた関係性の延長線上であったと考えられる。

七支刀から見える倭国と百済のつながり

朝鮮半島が三国時代を迎えていた頃、倭国と百済のつながりを示す貴重な手がかりが残されている。奈良県天理市にある日本最古の神社の一つ、石上《いそのかみ》神宮に伝わる国宝の七支刀

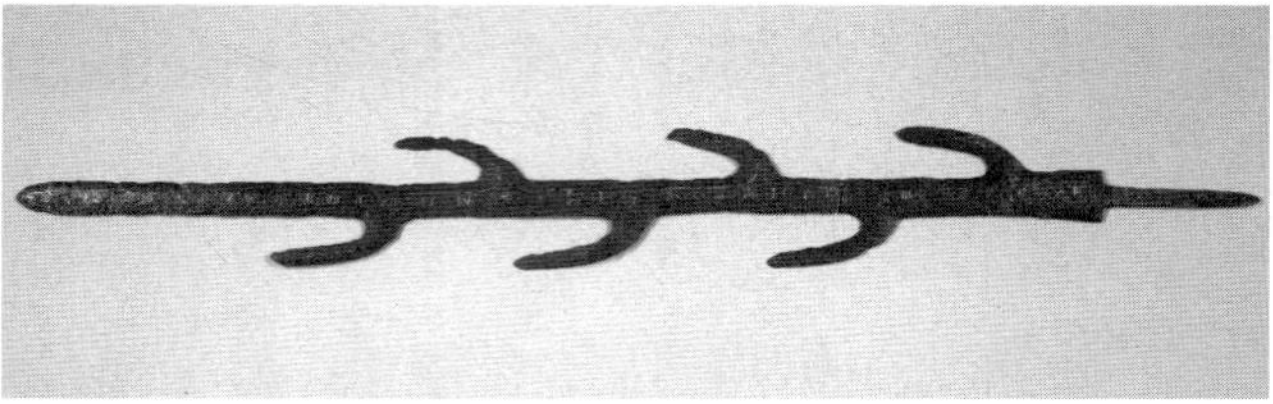

七支刀の表面（写真提供：石上神宮）

である。石上神宮では、古代から優れた神宝を守り伝えており、その中で「六叉鉾《ろくさのほこ》」と呼ばれてきたものこそ、この七支刀だった。

長さ七四・九センチ。刀身の両側に段違いで三本ずつ、合計六本の枝が突き出たような独特の枝刃を持っているのが特徴の鉄剣で、表と裏には、金象眼《きんぞうがん》という文字に金を埋め込む手法で六一文字の銘文が刻まれている。サビによる腐食が進んでしまったために、まったく読むことができない部分もあるが、次の文章は、判読した銘文、およびその大意を示したものだ（熊谷公男『日本の歴史03　大王から天皇へ』講談社学術文庫、二〇〇八年より引用）。

〈表〉

泰和四年五月十六日丙午正陽造百練鉄七支刀□辟百兵宜供
供侯王□□□□

泰和《たいわ》〔太和〕四年〔三六九〕五月十六日丙午《ひのえうま》の正午に、

よく鍛えた鉄で七支刀を造った。この刀は多くの災厄を辟《さ》けることができ、侯王がもつにふさわしい。……

〈裏〉

先世以来未有此刀百済王世子奇生聖音故為倭王旨造伝示後世

先世以来、このようなりっぱな刀はなかったが、百済王の世子《せし》〔太子〕奇生《きしょう》〔貴須王か〕が、倭王のためにわざわざ造ったものである。後世まで伝え示されたい

明治時代、歴史学者でもあった菅政友《かんまさとも》大宮司によって象眼が施されていることが明らかになって以来、不明瞭だった文字の解読とその研究が進められてきた。銘文の解釈をめぐっては百済献上説、百済下賜説、百済・倭対等説など諸説あるが、近年では、上下関係のない贈呈を示している対等説が有力だと考えられている。

また、三六九年、百済王の太子が倭王のために七支刀をつくったという点については、多くの研究者が共通認識としているところであり、倭国側の記録としても、『日本書紀』の「神功皇后五十二年九月条」に、百済の使者である久氐《くて》たちが倭国の千熊長彦《ちくまながひこ》に従いやってきて、七枝刀一口、七子鏡一面などを献上したことが記されていることから、七支刀の

銘文に刻まれた記述に対応しているものとみられる。

関係性の上下について実態がどうであったかという問題は依然として残ってはいるが、こうした贈呈が行われていたことが両者の記録で確認できることから、この頃までに倭国と百済は国交を結ぶ関係にあったことがうかがえる。

広開土王碑に刻まれた戦乱の記録

そしてもう一つ、この時代の倭国と朝鮮半島のつながりを示す重要な手がかりとされるのが、「広開土王碑（好太王碑）」という石碑である。広開土王碑が残されているのは丸都《がんと》という場所で、四二七年に平壌《ピョンヤン》へ遷都するまで四〇〇年近くにわたり、高句麗が王都として勢力の中心地としていた。現在の鴨緑江北岸、中国吉林省通化地区集安市太王郷にあたる。

広開土王碑の高さは六・四メートル、幅は一・四〜二メートル。角礫凝灰岩の自然石でつくられた全体がやや歪んだ方柱状の石碑で、重さは推定三〇〜四〇トン。高句麗第二〇代の王、長寿王（在位四一三〜四九一）が、父である第一九代の王、広開土王（在位三九一〜四一二）の功績を称えるために、四一四年に建立したとされている。

この巨大な石碑の四つの面には、およそ一八〇〇にのぼる文字が刻まれており、一部は剝落などで読み取れない部分があるが、そこには大きく分けて三つの事柄が記されている。それは、①「高句麗の歴史と広開土王の系譜、王家の由来など神話伝説」、②「広開土王の生前の功績、領土拡張のため生涯にわたって行った軍事活動」、③「広開土王の陵墓の管理」である。

　このうち二番目にあたる広開土王の軍事活動に関する記録の中に記されているのが、四世紀末から五世紀初めにかけての倭国の動向である。そこには「倭」「倭寇」「倭人」などの文字が頻繁に記され、高句麗から見た朝鮮半島における倭国に関する情報がまとめられている。

広開土王碑（写真提供：©FUMIO YAGI／SEBUN PHOTO／amanaimages）

　じつは、この貴重な記録が刻まれた石碑の存在は、長らく忘れ去られていた。ところが、清朝末期の一八八〇年、懐仁県《かいじんけん》の知県《ちけん》（長官）である章樾《しょうえつ》という人物の部下だった関月山《かんげっさん》がそれを発見し、中国の金石《きんせき》学者たちの大きな関心を集めた。そして、彼らが熱心に拓本を収集、碑文の内容を考証し始めたことで、その史料的価値が明らかになった。

一八八三年には、日本陸軍参謀本部から密偵としてこの地に派遣された陸軍大尉、酒匂《さこう》景信がこの碑文に注目。拓本を手書きで写した「墨水廓塡本《ぼくすいかくてんぽん》」と呼ばれる墨本を持ち帰ったことで、日本でも陸軍参謀本部と海軍省軍事部による判読が開始されることとなる。

やがて研究が進むにつれて、そこには高句麗だけでなく、倭国や高句麗周辺諸国・諸族の動きや関係性など、現存史料ではうかがい知ることのできない内容が記されていることが明らかになり、多くの研究者たちの注目を集めるようになった。

一九七一年には、在日韓国学者の李進熙《イジンヒ》によって、陸軍参謀本部による碑文の改竄《かいざん》問題が提示され、その解読内容について疑いが持たれることもあったが、現在は、さらなる検討が進み、高句麗および古代東アジアの歴史を紐解く上で、欠かすことのできない一級史料としてその重要性が評価されるようになっている。

碑文の内容は真実なのか

では、広開土王碑には具体的にどのようなことが書かれているのか。碑文に刻まれた内容のうち、倭国に関わる主要な部分について見てみよう(鈴木靖民『倭国史の展開と東アジア』岩波書店、二〇一二年より引用)。

三九一年（永楽一）条

百残・新羅旧是属民、由来朝貢、而倭以辛卯年来渡海破百残、□□新羅、以為臣民

百残（百済）と新羅はもともと高句麗の属民であり、高句麗に朝貢していた。ところが倭が辛卯の年（広開土王が即位した三九一年）より以来、海を渡って百残を破り、新羅を□□して、臣民としてしまった

三九九年（永楽九）条

九年己亥百残違誓、与倭和通、王巡下平穣、而新羅遣使、白王云、『倭人満其国境、潰破城池、以奴客為民、帰王請命』。太王恩慈称其忠誠、特遣使、還告以密計

広開土王は巡察して平穣に下った。そこで新羅は使を遣わして王に申すには「倭人は新羅の国境（国土）に満ちて城池を潰破し、奴客をもって民としている。広開土王に帰服して王の命を請うものである」と。広開土王は慈恩をもって新羅王（奈勿王）の忠誠をほめて使を遣わし、新羅の使は復命して王に告げるに密計をもってした

四〇〇年（永楽一〇）条

十年庚子教遣歩騎五万、住救新羅。従男居城、至新羅城。倭満其中。官軍方至、倭賊退。……自倭《(侵)》背急追、至任那加羅、従抜城。城即帰服。安羅人戍兵抜新羅城・□《(塩)》城、倭寇大潰、城内……十九盡拒随倭安羅人戍兵新羅城《(満□□)》……□残倭潰逃、抜□城安羅人戍兵

広開土王は歩兵・騎兵五万を遣わして新羅を救援した。男居城から新羅城（王京）に至ったが、その中には倭が満ちていた。官軍が至って倭賊は退いた。官軍は倭の背後より急追して任那加羅従抜城に至った。城はすぐ帰服した。安羅人の戍兵は新羅城と□《(塩)》城を抜いた。倭寇は大潰した。城内の人々のほとんどはことごとく倭と安羅人の戍兵に随うのを拒んだ。新羅城……□残倭は潰逃した。高句麗は□城の安羅人の戍兵を抜いた

四〇四年（永楽一四）条

十四年甲辰而倭不軌侵入帯方界。和通残兵□石城、□連船□□□。王躬率往討、従

平穣□□□鋒相遇、王幢要截盪刺、倭寇潰敗、斬殺無数

倭は不軌にも帯方界に侵入した。百残の兵と和通して石城を……。……は船を連ねて……。そこで広開土王は自ら軍を率いて征討し、平穣から……先鋒が敵と遇い、王の軍は敵の進路を遮ってその中に突撃した。倭寇は潰敗し、王の軍は無数の敵を斬り殺した

これらの内容については、高句麗の広開土王を顕彰する意味合いが多分に含まれていることを十分に踏まえておく必要があるが、そこには朝鮮半島において、広開土王が自ら出かける「王躬」、もしくは将軍を遣わして戦う「教遣」という二つのタイプの軍事行動が見てとれ、百済、加耶諸国、倭国が高句麗や新羅と激しく交戦する様子が記されている。

その解釈については諸説があり、倭国との戦闘そのものがなかったとする説や、あくまで百済が中心で、倭国が関わる大規模な戦闘はなかったとする説もある。例えば四〇四年（永楽一四）条の戦いにおける倭国の記事は史実ではなく、高句麗が百済を討伐する名分をつくるためだったとする見方もある。

一方で、広開土王が亡くなったのが四一二年、広開土王碑が建立されたのが四一四年と、

その死からあまり時間をあけずに石碑が建てられていることから、そこに記されている内容は、後世の伝聞や誇張ではなく、現実からかけ離れた内容ではないと捉える研究者の評価も少なくない。

因縁がもたらした高句麗と百済の抗争

そもそも広開土王という呼び名は、領土を大幅に拡張したことから、後の時代に付けられたもので、諱《いみな》は談徳《タムドク》、生前は永楽太王《えいらくたいおう》と称されていた。高句麗は、広開土王が率いる少し前の時代から勢力拡大を図り、朝鮮半島を南下。そのことに強く反発した百済を中心に、激しい戦いが幾度となく繰り返されてきた。

高句麗が勢力拡大を目論んだ理由は、その本拠地が広い平野に乏しく、食料の確保が困難だったため、捕虜や戦利品に加え、征服した地域からの貢納品によって生産物の不足を補おうとしたからだ。七支刀がつくられたとされる三六九年には、高句麗の故国原王《ここくげんおう》が歩騎二万を率いて百済に来襲。三七一年にも再度侵攻が行われたが、いずれも百済が撃退したとされ、序盤の戦いは百済優勢で進んだ。

ところが、三九一年に一八歳の若さで広開土王が即位すると、情況は大きく変わり始める。広開土王は即位にあわせて、独自の年号である「永楽」を制定。年号はそもそも中国皇帝が定め、周辺諸国に頒布するものだったが、広開土王は中国を頂点とする東アジアの秩序に挑戦する姿勢を見せ、高句麗独自の世界を築き始める。

そして西方の後燕《こうえん》、南方の百済との軍事的対立という周囲を取り巻く厳しい国際情勢に直面しながらも、各地への軍事活動を積極的に展開。高句麗西北に位置する稗麗《ひり》（後の契《きっ》丹《たん》）への親征を皮切りに、三九六年には長年戦争を続けてきた対百済戦に着手し、圧力を徐々に強めるようになる。

ここで広開土王碑に刻まれた百済の表記に注目してみよう。本来ならば「済」とするところを「むごい」という意味を持つ「残」に置き換えている。あえて「百残」と書き表しているのは、この時、百済が高句麗にとってそれだけ敵意を込める宿敵と呼ぶべき存在だったからだと思われる。

こうした因縁を持つ高句麗と百済の抗争に呼応するように、百済と関係を結んでいた倭国もまた朝鮮半島に出兵。両国の熾烈な戦いに参加していくこととなったのである。

古代の戦略物資、鉄を求めて

ところで、つながりを持っていた百済に危機が迫っていたとはいえ、なぜ倭国は海を渡った先の朝鮮半島での戦いに身を投じていく必要があったのか。戦いの行方を静観することを選択できたにもかかわらず、なぜ対岸へと乗り出すことにしたのだろうか。

日本古代史が専門で、古代日本の対外政策に詳しい東洋大学教授・森公章さんは、この頃、倭国が朝鮮半島に求めたものにこそ、その大きな理由があるのではないかと考えている。

「当時、高句麗が北から半島を南下して、領域を接する百済との戦争が始まって、百済としては高句麗に対抗できるような支援勢力として倭国を求めていました。倭国にとっては卑弥呼の時代から鉄資源や進んだ文化、そういったものを取り入れることが大きな課題になっており、朝鮮半島南部との関係は非常に重要なものでした。

高句麗が南下してくると朝鮮半島の南部も危うくなるということで、倭国としては百済と同盟を結んで、高句麗と対決をする道を四世紀後半頃に選んでいった。朝鮮半島の動乱に参加したのは、そういう過程があったのだと思います」

当時、鉄は倭国にとって最重要の戦略物資だった。農具や工具、漁業で用いる道具、さらには武器や武具など、生活から軍事までその用途は幅広く、鉄という存在は日本列島に伝わって以来、必要不可欠なものとなっていた。しかし、この頃の日本列島では鉄がとれず、朝鮮半島から輸入される鉄器や鉄素材が頼みの綱だったと考えられる。

ところが、高句麗の勢力拡大によって鉄の産地だった朝鮮半島南部の地域が脅かされるようになり、海を隔てていた倭国もまた、鉄資源の輸入ルートを失う重大な危機に直面。各地の豪族や有力者への資源の分配によって権力の集中を進めていたヤマト王権にとって、この危機は、権力基盤を揺るがすことにもつながるものだった。少し時代はさかのぼるが、三世紀頃について記した中国の歴史書『三国志』魏志東夷伝には、次のような記述が残されている。

「国は鉄を出し、韓・濊・倭、皆な従いてこれを取る」

そこには弁韓、のちの加耶諸国の地で鉄が生産され、その鉄を求めて各地から人々が集い、倭国もまた恩恵を受けていた様子が記されている。

朝鮮半島南部に位置し、海を隔てて接する加耶諸国と倭国の交流の歴史は長く、高句麗が朝鮮半島において存在感を強めるよりもはるか昔から、この二つの地域は交易を通して密接な関係を築いていた。倭国にとって百済や加耶諸国とのつながりや利害関係を守ることは必然で、高句麗の南下を見過ごすわけにはいかなかったと考えられる。

東アジアを巻き込んだグローバルな交流関係

つながりを重視したのは倭国側だけではない。百済や加耶諸国側もまた、その結びつきを守ろうとしていた。早稲田大学大学院への留学経験を持ち、倭国と加耶諸国の交流史研究の第一人者である仁済大学名誉教授の李永植《イヨンシク》さんは、日本列島と朝鮮半島の交流にこそ、東アジアの動乱と倭国をつなぐ背景があると指摘する。

「四世紀から五世紀にかけての交流は、むしろ現代よりももっと活発で、国際的な交流関係だったのではないかと思います。日本側は百済や加耶の鉄や先進技術、統治技術などをとても必要としていました。また、百済や加耶側は倭国の傭兵や塩など、やはり百済や加耶が持っていないものを必要とする状況だったと思われます。こういった両者の交流はかなり直接的であり、とても具体的だったと考えています」

現在のように明確な国境が存在しなかった時代。人々は自由に海を行き来し、お互いに協力し合うことで、交易を通じた経済発展を遂げていた。そこでは決して一方通行ではない形で、国家形成に必要な様々な文物がやりとりされており、倭国と朝鮮半島の関係は強く、簡単に打ち切れないものとなっていた。

そのため、五世紀以降、倭の五王を中心とするヤマト王権は、激動の東アジアという大きなうねりの中にその身を投じていくこととなったのである。

第8章　倭の五王と激動の東アジア

前章では、四世紀から五世紀にかけて、高句麗の南下を発端にして、倭国が朝鮮半島での戦いに身を投じていった状況を見てきた。それは、古くから交流を続けてきた倭国と朝鮮半島のつながり、そして東アジアの動乱が複雑に連動することで生じた結果でもあった。

この章では、五世紀の倭国で活躍した「倭の五王」と呼ばれる五人の王たちを中心に、さらなる激動の東アジア情勢も交えながら話を展開していく。

倭国ではこの時代、大仙陵古墳や誉田御廟山古墳など近畿地方を中心に前方後円墳が巨大化。一方、倭の五王が中国に使者を派遣し、再び国交を結ぶという転機を迎える。そこにはどのような理由があり、狙いがあったのか。中国大陸、朝鮮半島、そして日本列島までをも巻き込む大きな時代のうねりに、グローバルヒストリーの観点から迫っていこう。

ヤマト王権、倭の五王は誰なのか

倭の五王とは、前述の通り、中国の歴史書『宋書』に登場する五人の倭国の王であり、宋王朝に使者を派遣したことで、三世紀以来、その名を中国の記録上に残すことになった人物たちである。姓は「倭」、名前は「讃」・「珍」・「済」・「興」・「武」という中国風の漢字一字で記されているのみで、それぞれの人物が誰なのかはうかがい知ることができない。

そこで、謎に包まれた倭の五王の正体を解き明かそうと、これまで数多くの研究者たち

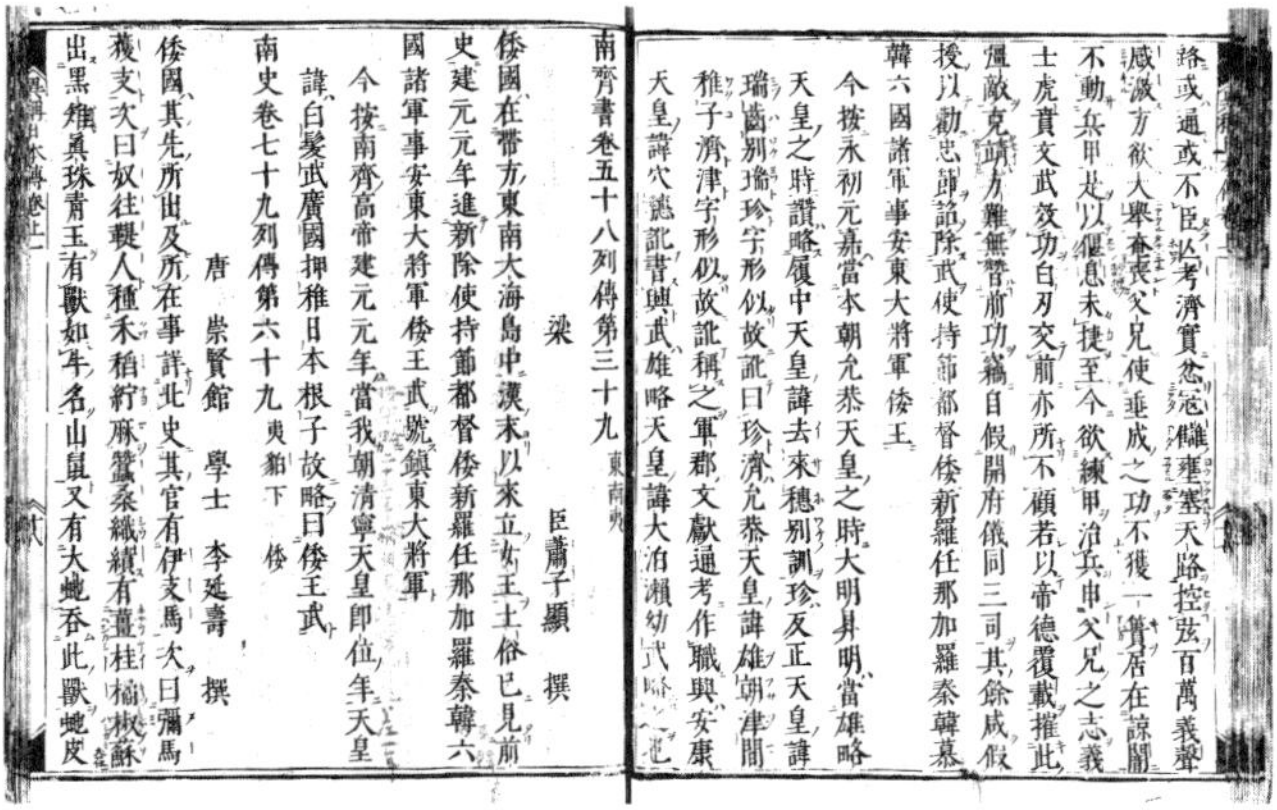
路或通或不臣忿考濟實忿寇讎壅塞天路控弦百萬義聲
感激方欲大舉奄喪父兄使垂成之功不獲一簣居在諒闇
不動兵甲是以偃息未捷至今欲練甲治兵申父兄之志義
士虎賁文武效功白刃交前亦所不顧若以帝德覆載摧此
彊敵克靖方難無替前功竊自假開府儀同三司其餘咸假
授以勸忠節詔除武使持節都督倭新羅任那加羅秦韓慕
韓六國諸軍事安東大將軍倭王
今按永初元嘉當本朝允恭天皇之時大明昇明當雄略
天皇之時讃略履中天皇諱去來穂別訓珍反正天皇諱
瑞歯別瑞珍字形似故訛曰珍濟允恭天皇諱雄朝津間
稚子濟津字形似故訛稱之軍郡文獻通考作職與安康
天皇諱穴穂訛書興武雄略天皇諱大泊瀬幼武略之也

南齊書卷五十八列傳第三十九 東南夷
梁 臣蕭子顯 撰
倭國在帶方東南大海島中漢末以來立女王土俗已見前
史建元元年進新除使持節都督倭新羅任那加羅秦韓六
國諸軍事安東大將軍倭王武號鎮東大將軍
今按南齊高帝建元元年當我朝清寧天皇即位年天皇
諱白髪武廣國押稚日本根子故略曰倭王武
南史卷七十九列傳第六十九 夷貊下 倭
唐 崇賢館 學士 李延壽 撰
倭國其先所出及所在事詳北史其官有伊支馬次曰彌馬
獲支次曰奴往鞮人種禾稻紵麻蠶桑織績有薑桂橘椒蘇
出黒雉眞珠青玉有獸如牛名山鼠又有大蛇呑此獸蛇皮

倭の五王の名と天皇の諱に触れた『異称日本伝』(写真提供：国立国会図書館)

によって様々な人物比定がなされてきた。その本格的な研究は、江戸時代、京都の儒学者であり、医者でもあった松下見林《まつしたけんりん》に始まる。

一六九三年(元禄六)、松下は中国・朝鮮の文献史料から日本に関係する記事を抜き出し、日本の書物も引用しながら考証した歴史研究書『異称日本伝』を刊行。上巻三冊、中巻八冊、下巻四冊という構成で、引用書は一二七部にのぼる。完成まで三十余年の歳月をかけたこの著書のなかで、松下は初めて倭の五王に関する人物の比定を試みた。

ここで松下が注目したのは、『宋書』に記された倭の五王の名と古代の天皇の諱。それぞれの字が持つ意味と形が似通っているのではないかと考えたのだ。例えば、「讃」の場合、履中天皇の諱「去来穂別《いざほわけ》」の「去」の訓読み

那珂通世

と似通い、「珍」の場合、反正天皇の諱「瑞《みず》歯別《はわけ》」の「瑞」と字の形が似ているのではないかという考え方である。

その後は、松下が行った人物比定を展開する形で、一七一六年（享保一）には、儒学者の新井白石が『古史通或問《こしつうわくもん》』で、一七七八年（安永七）には、国学者の本居宣長が『馭戎《ぎょじゅう》慨言《がいげん》』でそれぞれ倭の五王の比定について言及している。

明治時代に入ると、歴史学者の那珂通世《なかみちよ》や菅政友が研究を進展させ、現在の研究へと続く人物比定の土台を形づくっていく。

特に、那珂が行った研究は目覚ましいものだった。そもそも、八世紀に編纂された日本神話や古代の歴史を伝える編年体の歴史書である『日本書紀』は、異常に治世の年数が長い天皇が存在するほか、第二代綏靖《すいぜい》天皇から第九代開化《かいか》天皇までは「欠史八代《けっしはちだい》」と呼ばれ、その天皇がどんな人物でどのようなことを行ったかという治世の事績がほとんど記されておらず、系譜や実在が信頼できない部分も多い。

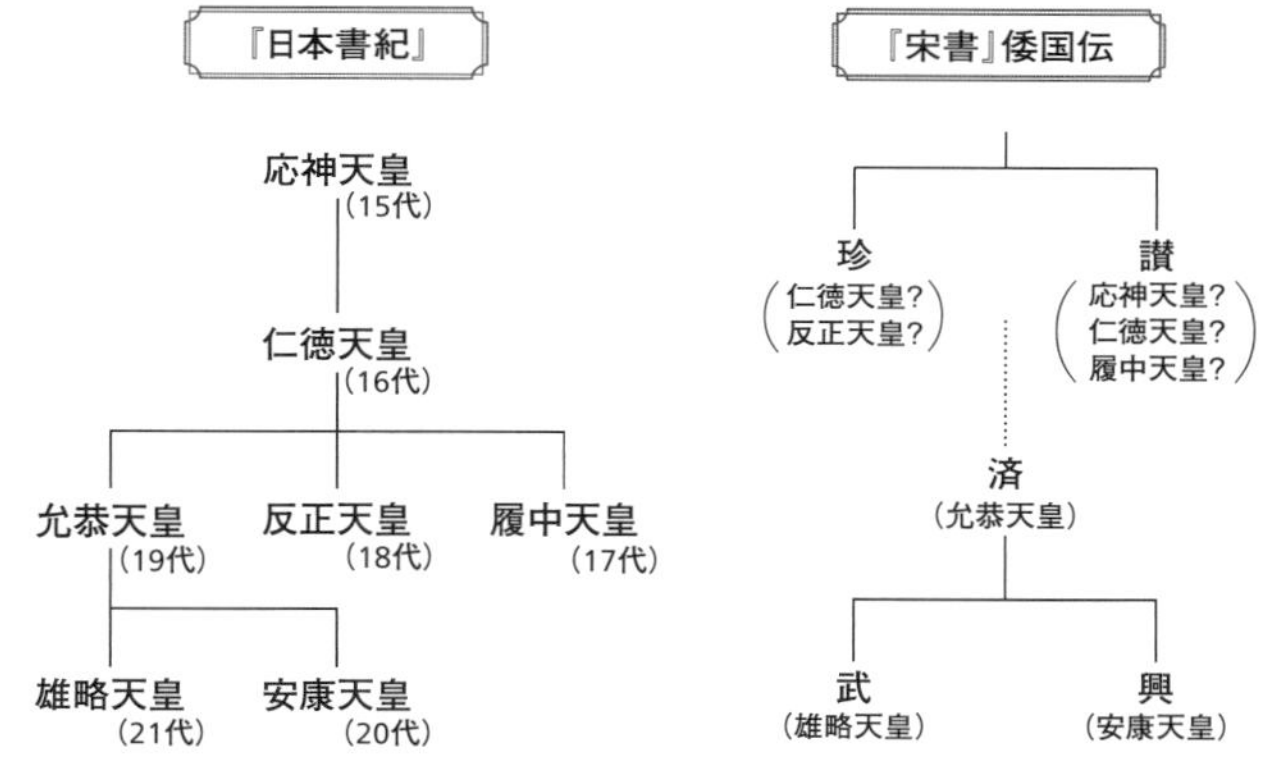

倭の五王と古代天皇の相関関係図

しかし一八七八年（明治一一）、雑誌『洋々社談』に掲載された論文「上古年代考」の中で、那珂は『日本書紀』と朝鮮半島の歴史書『東国通鑑《とうごくつがん》』を用いて、百済王が亡くなった年を比較。その結果、干支《えと》二運《にうん》、すなわち一二〇年引き下げることで、年代がほぼ一致するとして、第一五代応神《おうじん》天皇から第二〇代安《あん》康《こう》天皇まで、『日本書紀』の年代を補正することができるようになったと発表した。

現在の研究においても、同様に一二〇年引き下げることで、年代がすべて整合するわけではないが、五世紀に関わる『日本書紀』『古事記』の記述については信頼できる部分があると考えられており、こうした年代論によって倭の五王を古代天皇に比定することができるとみられている。

倭の五王の人物比定を行うにあたって研究者たちが手がかりとしてきたのは、名の意味や形だけではない。もう一つ大きな手がかりとされているのが、『宋書』から判別できるそれぞれの人物の関係性である。『宋書』の記述から相互関係を抽出してまとめると、「讃」と「珍」は兄弟、「珍」と「済」は不明、「済」の子が「興」、「興」の弟が「武」となることがわかっている。

これらのヒントを踏まえ、これまでの研究を通して絞り込まれた主な人物を挙げてみると、「讃」は応神天皇、履中天皇、仁徳天皇、「珍」は仁徳天皇、反正《はんぜい》天皇、「済」は允恭《いんぎょう》天皇、「興」は安康天皇、「武」は雄略《ゆうりゃく》天皇が候補として考えられている。済、興、武については研究者の意見がほとんど一致しているが、讃と珍については諸説あり、いまだに一定していない。

さらに、珍と済の関係が不明であることから、王統が断絶した、もしくは二つの王統が存在したという見解があるほか、応神天皇と仁徳天皇が同一人物であるという説も唱えられており、新たな手掛かりなしには進展の見込みにくい状況が続いている。

宋への使者派遣に込められた意図

このように人物そのものを特定することは困難を極めているが、倭の五王が行った中国への使者の派遣については、その詳しい内容が『宋書』に記録として残されていることから、当時倭国が直面していた時代状況もあわせて、どのような意図が込められていたかについて詳細な考察がなされている。

倭の五王が初めて宋に使者を派遣したのは、四二一年、倭王讃の時代。四二五年には司馬曹達《そうたつ》という渡来人とみられる人物が使者として派遣され、国書や進物を献上したことが記録されている。その後、五年から一〇年ほどの間隔で中国への使者の派遣が続き、その回数は一〇回以上にのぼる。

この使者の派遣に関する記録の中で、最も有名なのが、四七八年五月に出された「倭王武の上表文」と言われるもの。倭の五王によって使者の派遣がなぜ行われたのかを理解する上で欠かすことができない内容であるため、やや長くなるが原文を一部抜粋し、書き下し文と現代語訳をそれぞれ引用する（森公章『倭の五王――5世紀の東アジアと倭王群像』山川出版社、二〇一〇年より引用）。

封国は偏遠《へんえん》にして、藩を外に作《な》す。昔より祖禰《そでい》、躬《みずか》ら甲冑《かっちゅう》を擐《つらぬ》き、山川《さんせん》を跋渉《ばっしょう》し、寧《ねい》処《しょ》に遑《いとま》あらず。東は毛人《もうじん》を征すること五十五国、西は衆夷《しゅうい》を服すること六十六国。渡りて海北を平《たいら》ぐること九十五国。王道融泰《ゆうたい》にして、土を廓《ひら》き畿《き》を遐《はるか》にす。累葉朝宗《るいようちょうそう》

して歳を愆《あやま》らず。

わが国（累代倭国王として冊封《さくほう》されてきたこの国）は〔中国から〕はるか遠くにあって、外夷に対する天子の藩屛《はんぺい》になっています。わが先祖（禰は父の廟《びょう》、転じて父をさし、祖禰は父祖の意）は、代々みずから甲冑をまとって幾山河を踏み越え、席を温める暇もなく戦ってきました。東方の毛人を征すること五五国、西方の衆夷を服すること六六国、海を渡って北方（「海北」は朝鮮半島をさす）を平げること九五国にものぼりました。王道は遍《あまね》くゆきわたり、領土を拡げ境域は遠くまでおよんでいます（中国皇帝の徳は安泰であり、皇帝の地を都のはるか遠くに広めたの意）。しかも歴代の倭王は、宗主《そうしゅ》〔たる中国の天子〕のもとに使者を入朝せしめ、その年限を違えることはありませんでした。

臣、下愚《かぐ》なりと雖《いえど》も、忝《かたじけ》なくも先緒を胤《つ》ぎ、統《す》ぶる所を駆率《くそつ》し、天極に帰崇し、道百済を遥《へ》て、船舫《せんぼう》を装治す。而《しか》るに句驪《くり》無道にして、図りて見呑《けんどん》を欲し、辺隷《へんれい》を掠抄《りゃくしょう》し、虔劉《けんりゅう》して已《や》まず。毎《つね》に稽滞《けいたい》を致し、以《もっ》て良風を失い、路に進むと曰うと雖も、或《あるい》は通じ、或は不《しか》らず。

私がおろかしくもその器ではありませんが、忝なくも王統《おうとう》を継承しました。統治するところを率いて天子《てんし》にお仕えしようとし、百済からなおはるかな道のりゆえ、航海の準備もおこたらなかったのです。しかるに〔高〕句驪（「驪」は高句麗《こうくり》を貶《おとし》めた貶字《へんじ》）は理不尽にも〔百済を〕併呑《へいどん》しようと企て、辺隷（中国の辺境の意で、ここでは百済を含む朝鮮半島南部地域をさす）を掠抄し殺戮《さつりく》をやめようとしません。〔わが使者を天子のもとに遣わす〕たびに、途中で〔高句麗に〕押し止められ、良風（年限を違えず朝《ちょう》貢《こう》する美風）を失っています。海路を進むことがあっても、あるいは通じ、あるいは通じえないありさまです。

臣が亡考済《さい》、実《まこと》に寇讐《こうしゅう》の天路を壅塞《ようそく》するを忿《いか》り、控弦《こうげん》百万、義声に感激し、方《まさ》に大挙せんと欲せしも、奄《にわ》かに父兄を喪《うしな》い、垂成《すいせい》の功をして一簣《いっき》を獲《え》ざらしむ。居りて諒闇《りょうあん》に在り、兵甲を動かさず。是《ここ》を以て、偃息《えんそく》して未だ捷《か》たざりき。

私のなき父の済は、〔高句麗が〕入朝の海路を塞《ふさ》いでいるのをいきどおり、戦備を整えた一〇〇万にものぼる兵士たちも義声をあげて感激し、大挙出征しようとしていましたが、そのとき、にわかに父（済）と兄（興《こう》）とを喪い、まさに成就せんとしていた功も水泡に帰してしまいました。〔私は〕諒闇（君主が服喪する部屋）に籠って、軍隊を動かせず、これゆえにいたずらに安息して、いまだに〔高句麗に〕勝利していません。

今に至りて、甲を練り兵を治め、父兄の志を申《の》べんと欲す。義士虎賁文武《こふんぶんぶ》功を効《いた》し、白刃《はくじん》前に交わるとも亦《また》顧みざる所なり。若し帝徳の覆載《ふくさい》を以て、此の彊敵《きょうてき》を摧《くだ》き克《よ》く方難を靖《やす》んぜば、前功を替えること無けん。竊《ひそ》かに自ら開府儀同三司《かいふぎどうさんし》を仮し、其の余も咸《み》な仮授《かじゅ》して、以て忠節を励む。

今にいたり、甲を練り兵をおさめ、父と兄の遺志を継ごうとしています。節義ある人士も勇猛なる軍隊も、文官も武官も功を立て、白刃が眼前に交わろうとも顧みはしません。もし皇帝の四海を覆う恩徳によりこの強敵（高句麗）を打ち摧《くだ》き、わが国難を除いて太平をもたらしていただけるならば、歴代天子への忠誠をかえることはないでしょう。私はひそかにみずから開府儀同三司を仮称し、その余〔の官爵《かんしゃく》〕もみな仮授して、忠節に励んでいます。

百済と高句麗の戦争を理由として、倭王武が宋に官爵（官職と爵位）を授けてもらえるよう要求しており、ここでは具体的に、「使持節都督倭《しじせつととくわ》・百済・新羅・任那・加羅・秦韓・慕韓七国諸軍事」「安東大将軍」「倭国王」の承認を求めている。

倭の五王の外交戦略

じつは、倭王武より以前からこうした官爵を求める行為は続けられてきた。東洋大学教授の森公章さんは、宋への使者派遣を通じて、倭の五王が獲得しようとしたものは三つ考えられるという。

「倭国が求めたものは大きく言って三つあり、一つは都督諸軍事号という、特に朝鮮半島南部の地域に対する軍事権です。二つ目は、安東将軍という宋の東側を安定させる将軍の地位。そして最後の一つは、倭国王や倭王（として認められること）。これは卑弥呼が親魏倭王という形で魏から倭王として認定されたことと同じです。特に都督諸軍事号には、朝鮮半島南部の地域の軍事権を得て、それによって百済を支える。高句麗と戦う上で大きな意味があったと思います」

五世紀の東アジア情勢は、中国を中心とした冊封《さくほう》体制と言われるもので、中国皇帝を頂点とする国際秩序が形成されていた。中国皇帝は周辺諸国の首長から朝貢を受けることで権威を獲得する一方、それぞれの国は称号を授けられることで、強大な中国から自国の支配を保証されるという構図になっていた。倭国だけではなく、高句麗や百済も中国王朝と関係を築き、この国際秩序の中に組み込まれていたのである。

しかし当時の中国は統一王朝ではなく、南朝の宋、北朝の北魏にそれぞれ皇帝が存在し、大陸を二分して対立している状況にあった。高句麗は北魏を中心にしながらも宋にも使者を派遣する両面外交を展開したため、宋は高句麗の朝貢を認め称号を与えながらも、手のひらを返しかねない油断ならない存在として警戒していた。そこで、百済や倭国にも情勢にあわせて称号を与えることでパワーバランスの維持を画策するなど、まさに各国の思惑が交差する事態となっていた。

こうした東アジア世界の中で、倭の五王たちは高句麗を牽制するべく、巧みに外交戦略を展開し、高句麗が攻勢を強める朝鮮半島の戦況を変えようという戦略的な意図を込めて、情勢の変化にあわせて宋に使者を派遣していたと考えられる。

森さんはさらに分析する。

「高句麗も将軍号や諸軍事号に表されている宋の国際秩序に入っていますから、それを踏みにじるような行動に規制がかかるということは、当時のパワーバランスからしてあったと思います。つまり、高句麗は四七五年に百済の都である漢城《かんじょう》を落としますが、そこから南へはなかなか行けない。朝鮮半島南部の軍事権は倭国が持っていて、百済を支援するという警戒があったからです。

『日本書紀』に書かれた伝承的な話として、高句麗が最終的に百済を完全に滅亡させることができずに軍を引き上げたのは、倭国が後ろにいてこれ以上戦うとまずいという判断があったという話がありますが、それは事実の一面を突いているのではないかと思います」

高句麗の勢力拡大を支えた騎馬文化

五世紀を通じて行われた倭の五王による中国への使者の派遣。それは高句麗を牽制する一つの役割を果たしたかに思えたが、一方で、朝鮮半島での高句麗と百済を中心とする戦乱が長きにわたって継続していたこともまた意味していた。

高句麗は年を追うごとに百済への圧迫を強めていき、四七五年には、百済の王都であった漢城をついに陥落。南方に位置する熊津《ゆうしん》へと遷都させる事態に追い込んでいく。当初は百済に敗北を喫していた高句麗が、各方面で勝利を重ね、大きく勢力を拡大していく背景には一体何があったのか。その実態をうかがい知ることができる手がかりが、高句麗が百済から手に入れた漢城、現在のソウル市に残されていた。

ソウル市の「夢村土城」

ソウル市の中心部から西に一四キロ。三世紀から四世紀頃、百済の時代に築かれた「夢《む》村《そん》土《ど》城《じょう》」と呼ばれる古代の都城である。周囲は二・四キロ。現在はオリンピック公園として整備され、博物館や美術館、競技場などが建つソウル市民の憩いの場となっているが、かつては風納《ふうのう》土城という城とともに、二つあわせて百済の漢城を構成していたとされる。今でも城門だった場所では名残として盛り土を確認することができ、三国時代の朝鮮半島を知ることができる貴重な遺構となっている。

夢村土城の一画は、これまで盛んに発掘調査が行われ、三国時代の地層から数多くの出土物が見つかってきた。中でも重要な発見があったのが、二〇一三年（平成二五）一一月から一〇年以上にわたって続く集水池の調査。水を管理する施設としてつくられたこの場所を調べたところ、様々な有機物とともになんと大型の動物の骨が出土したのだ。そして、これらの骨を分析したところ、動物の正体は、朝鮮半島に生息していたとされる「古代の馬」であることが明らかになった。

出土したのは、馬の頭骨や歯。夢村土城は百済、高句麗だけでなく、五五三年以降は新羅が掌握するため、三国の出土物が含まれる複雑な遺構となっているが、出てきた地層から、これらの馬の骨は高句麗の時代に埋められたものと推定された。

さらに、出土した際の状態に注目してみると、その多くは長い年月を経てバラバラになってしまっていたが、最も保存状態のよい形で出土した頭骨は、まるで安置されたかのように、集水池の底に整然とした状態で置かれていた。発掘調査を率いてきた漢城百済博物館学芸員・李奕熙《イヒョクヒ》さんは、こうした骨の出土状況から、高句麗が馬に様々な役割を担わせ、積極的に活用するだけでなく、その役割の大きさから丁重に取り扱っていたのではないかとみている。

「馬は当時、最も貴重な資源の一つでした。そのため、国家として管理する対象だったのです。夢村土城という場所から出土したため、軍事または農業の目的でこの馬が使用されたことがうかがえますが、このように整然と置かれていたことから、おそらく馬に関連する儀礼があったのではないかと考えています」

徳興里古墳壁画に描かれた馬射戯（写真提供：NHK）

戦闘で騎馬軍団が果たした役割

高句麗を支えた騎馬文化を伝えるものはそれだけではない。二〇〇四年、ユネスコの世界遺産に登録された「高句麗古墳群」。現在の北朝鮮に残された高句麗時代の古墳であり、そこには高句麗の文化や風俗、思想を今に伝える貴重な古墳壁画が色鮮やかに残されている。その中で、特に目を引く存在として描かれているのが、高句麗の人々とともにあった馬の姿である。

例えば、薬水里《ヤクスリ》壁画古墳に描かれた行列図を見てみると、甲冑を身につけ長槍で武装した兵士がまたがっているのは、全身に甲をまとった重装備の馬。密集形態を組んだ甲騎馬軍団は、当時の高句麗軍の威容を伝えるとともに、戦いにおける重

在来馬の木曽馬系和種馬

要な軍事力だったことをうかがわせる。一方で、徳興里《トクフンリ》壁画古墳には、馬射戯《まさひ》という馬上から矢を放つ流鏑馬《やぶさめ》のような騎射術を行う様子が描かれており、馬の機動力を活かした騎射術もまた高句麗軍の重要な戦闘能力であったことを伝えている。

こうして出土した馬の骨や壁画以外にも、四世紀から五世紀にかけて高句麗軍が使用した馬の甲冑や蹄鉄などが見つかっており、高句麗の勢力拡大において、騎馬が果たした役割は決して少なくなかったことを今に伝えている。

古代馬の戦闘能力に実験で迫る

古代の馬は戦闘においてどれほど強力だったのか。取材班は、日本騎射協会会長の宮川昇さん、神奈川県小田原市にあるサドルバック牧場、そして古代東北アジアの馬具を研究し、騎馬文化に詳しい京都府立大学准教授の諫早直人さんに協力を仰ぎ、その威力を検証するための実験を行った。

用意していただいたのは、古代の馬に体格が近いとされる在来馬「木曽馬系和種馬」である。体高はおよそ一メートル三〇センチ。現在、競走馬として多く使われているサラブレッドは、体高がおよそ一メートル六〇センチから一メートル七〇センチほどであるため、容姿を比較して見てみると、四肢が短く、頭が大きい印象を持つ。

果たしてどれほどの走力を発揮できるのか。まずはその走力を調べるべく、まっすぐ直線に伸びた七〇メートルほどのコースを全力疾走で駆け抜ける速度を、スピードガンで測定した。その迫力は驚くべきもので、馬は走り出しから三〇メートルほどでトップスピードにのると、その勢いを保ったまま土煙を巻き上げながらゴール。最高時速三九キロを記録した。

さらに、その攻撃能力を確かめるため、日本騎射協会会長の宮川昇さんに高句麗の騎射術である馬射戯を再現してもらった。先ほどと劣らぬ速さで駆け抜ける馬の機動力を活かしながら、馬上から短弓によって次々と放たれる矢は、吸い込まれるように的に命中。瞬時に敵を見定め撃ち倒す、歩兵を圧倒的に凌駕する力を見せつけた。

ここで倭国の馬事情に目を転じてみると、「魏志倭人伝」によれば、三世紀頃の日本列島には牛、虎、豹、羊、鵲とともに馬はいなかったと記録されている。つまり、もともと日本列島に馬は存在しておらず、見慣れないものだった。京都府立大学の諫早さんは、倭国の人々にとってその出合いは想像を絶する衝撃だったのではないかと考えている。

「馬を戦争に使うか使わないかというのは、おそらく今で言うと、その国が戦車、あるいは飛行機を持っているか持っていないかという、それぐらいの軍事的な力の差に直結するものだったと思います。倭国は高句麗と戦う中で初めて馬というものに出会ったと思いますが、その時に高句麗は、馬を非常に軍事的な力としていて、それは倭国にとってどれほどの脅威であったか計り知ることができません」

一三世紀頃、馬の力を最大限に活かし版図を拡大したモンゴル帝国は、かつて騎馬軍団を先頭にユーラシアを横断する大西征を行ったが、その行進速度は平均一日三〇キロ。チンギス・ハンがホラズム進攻を行った際は、二日間で二一〇キロを走破したとも言われている。人間を超える抜群のスピードと圧倒的な機動力は、敵の先手をとる素早い作戦行動を可能にし、高句麗の勢力拡大を下支えする強力なパワーの源となっていた。

朝鮮半島で高句麗と交戦することとなった倭国の兵士たちは、見たことがない馬という存在の前に翻弄され、その軍事力によって厳しい戦いを強いられるとともに、かつてない衝撃を受けることになったのではないかと考えられる。

第9章　「日本」はいかに誕生したか

前章では、倭の五王がヤマト王権を率いた五世紀、高句麗の圧力に対抗するべく宋への外交戦略を行い、駆け引きを展開するとともに、高句麗の力の根源である騎馬軍団と出合い、いかに衝撃を受けたか見てきた。

最終章となる本章では、中国や朝鮮半島と対峙する裏側で起こり始めていた倭国内部の変化を、最新の科学分析を交えながら紐解いていく。その変動はやがて三世紀にわたり続いた古墳時代の終焉へとつながり、「日本」という新たな律令国家の誕生にも結びついていく。果たして、私たちが暮らすこの国はどのようにして生まれたのか、そのルーツはどこにあるのか。最新研究から大いなる謎を解き明かすヒントを探っていこう。

騎馬文化がもたらした衝撃

日本の歴史を振り返ってみれば、源義経が馬に乗って崖を駆け下り奇襲をかけた伝説で知られる「鵯越《ひよどりごえ》の逆落とし」や、織田信長が武田騎馬軍団に対して火縄銃の威力を知らしめた「長篠の戦い」、秋山好古《あきやまよしふる》が騎兵隊指揮官としてロシア軍の侵攻を食い止めた「日露戦争」など、馬が表舞台に立った出来事や伝承は数え切れないほど存在する。

さらに現在、日本固有の馬として、北海道の北海道和種（道産子《どさんこ》）、長野県木曽《きそ》地域を中心とする木曽馬、愛媛県今治市の野間《のま》馬、長崎県対馬市の対州《たいしゅう》馬、宮崎県串間《くしま》市の御《み》崎《さき》馬、鹿児島県のトカラ馬、そして沖縄県宮古島《みやこじま》の宮古馬と与那国島《よなぐにじま》の与那国馬の八種類が知られ、天然記念物や文化遺産としてそれぞれの地域で種の保存が行われている。日本人にとって馬は、古くから受け継ぎ、飼育してきた親しみのある動物の一つだ。

しかし、前章で見た通り、もともと日本列島に馬は存在しなかった。厳密に言えば、数千万年から数百万年前の第三紀中新世の地層から馬の化石が出土しており、各脚に指が三本ある原初的な特徴を持つ三趾馬《さんしば》が日本列島にも存在していたが、やがて絶滅。縄文時代や弥生時代には姿を消していた。そのため、高句麗が駆使した騎馬軍団は、馴染みのない倭国の人々に軍事的な損害のみならず、未知の大型動物との遭遇という形で、文化的にも大きな衝撃を与えたと考えられる。

本格的な日本到来はいつだったか

では、いつから日本列島に家畜として馬が伝わり、これほどまでに馴染み深い存在へと変わっていったのか。馬が日本列島にやってきた明確な年代は明らかではないが、その始まりは四世紀末から五世紀初め頃と考えられている。根拠の一つとなるのが、古墳の副葬品だ。五世紀前後の時期を境にして、日本列島の古墳では数多くの馬具が突如として出土するようになるのである。

日下遺跡から出土した馬の全身骨格（写真提供：大阪府教育委員会）

馬の到来時期を知る手がかりはそれだけではない。大阪府と奈良県の境、生駒山《いこまやま》の西麓沿いに位置する日下《くさか》遺跡では、一九六六年（昭和四一）に馬の全身骨格が出土した。体高は一二五センチから一三〇センチほど。蒙古系の中型馬に属する一二歳前後のオスとみられ、その年代は五世紀後半と考えられている。

さらに、二〇〇二年（平成一四）に馬の全身骨格が見つかった大阪府の蔀屋北《しとみやきた》遺跡の事例をはじめ、全身とはいかないまでも、馬の頭骨や歯などは全国各地で見つかっている。京都府立大学准教授の諫早直人さんはそうした考古学的成果から、本格的に馬が日本列島へ伝わったのは古墳時代であり、馬そのものとともに騎馬術ももたらされたとみている。

「馬具を副葬する古墳や馬の骨が出土する遺跡

が五世紀になると増えていき、六世紀になるとさらに増えることから、日本で馬が普及していったことは考古学的にわかります。ただ、高句麗の壁画に描かれたような騎馬戦が、大規模に日本列島で行われた形跡は考古学的には確認できず、文献史料上でも明確には確認できない。ただ、弓馬の道のような馬に乗って弓をつがえる戦闘方式が、古墳時代の馬の導入とともに、おそらく百済や加耶を介して間接的に日本列島に入り、それが普及して武士につながっていくということは確かだと思います」

『日本書紀』応神天皇十五年八月条には、百済王が派遣した阿直岐《あちき》という人物が、「良馬二匹」を献上し、「軽の坂上《かるのさかのうえ》」の厩で馬の飼育を司る任務についたことが記されており、『古事記』の応神段でも同じく、百済王が阿知吉《あちき》（阿直岐）師に付けて「牡馬壱疋・牝馬壱疋」を貢上したとしている。さらに朝鮮半島に現存する最古の歴史書『三国史記』には、百済が新羅にも「良馬二匹」を贈っていたことが記されている。

五世紀前後よりも以前から、散発的に馬が日本列島へと渡っていたという研究もあるが、馬の贈答が外交手段の一つとして行われるなど、飼育技術が体系的にもたらされた結果として、五世紀頃、倭国にも本格的な騎馬文化が伝わったと考えられる。そしてそこには中国や朝鮮半島からやってきた渡来人が大きく関わっていた。

諫早さんはこうした騎馬文化の日本到来の契機として、朝鮮半島における動乱が関係しているのではないかと続ける。

「朝鮮半島との交渉というのは、高句麗に負ける前からもずっとあるわけですが、不思議と（騎馬文化が）海を越えることはありませんでした。海を越えた理由は何かと考えると、やはり高句麗との軍事的な接触というのが、一つ大きな契機になったのかなと思います」

かつて東京大学東洋文化研究所の江上波夫は、一九四八年（昭和二三）に開かれたシンポジウムで「騎馬民族征服王朝説」を発表。四世紀から五世紀における倭国の支配者集団のルーツを東北アジア系騎馬民族に求めるという大胆な仮説を打ち立てた。この学説は、発表当時から現在にいたるまで様々な分野の研究者によって数多くの批判が提起され、ほとんど否定されているが、五世紀前後を境に馬の文化が突如として姿を現わすのは、それほどまで過去との断絶を感じさせる不可思議とも言える変化であった。

いずれにしても、騎馬文化が日本列島へ与えたインパクトは凄まじいものであり、その後の歴史を変える大きな分岐点になっていったのは確かである。

最新科学が明かす馬の生産と飼育の実態

そもそも人類と馬の歴史は、およそ二万年前の旧石器時代後期にまで遡る。フランスのラスコー洞窟にはクロマニョン人が描いた馬の絵が残されているほか、フランスのソリュトレ遺跡では一万体におよぶ馬の骨が出土しており、貴重なタンパク質源として当初は狩猟の対象であったことがうかがえる。

その後、家畜化された馬はユーラシア大陸を東へ波及。その波はアジアへと到達し、東アジアの中でいち早く馬文化が広がった中国では、今のところ始まりが紀元前一四世紀頃とされている。朝鮮半島の馬文化の始まりについては不明な部分も多いが、朝鮮半島北部に家畜馬が現れるのは中国よりも随分と遅れたとみられている。中国から朝鮮半島、そして日本列島に伝わるまでにかかった長い時間を踏まえると、容易に伝播する種類の文化ではなかったということだ。馬がいかに慎重に扱われる存在だったのかが想像できる。

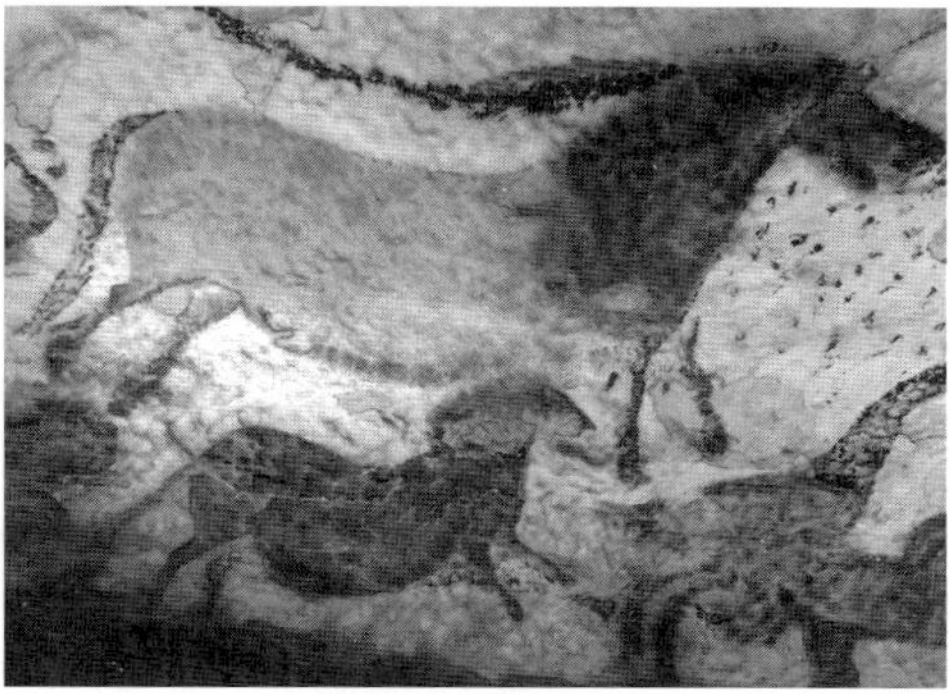

ラスコー洞窟に描かれた馬（写真提供：PIXTA）

では、貴重な資源であり、歩兵を圧倒する力を誇る重要な軍事力でもあった馬は、日本列島へ伝わった後、どのように広がっていったのか。これまで謎に包まれてきた日本列島における初期の馬の生産や飼育の実態を解き明かす画期的な研究が、今、動物考古学の分野で進んでいる。

分析対象となるのは、日本各地で出土した馬の骨や歯。第一章でも取り上げた安定同位体分析という手法を用いて、この骨や歯から実態に迫ろうという試みである。ただし、同位体分析といっても、馬の骨や歯に対して行う分析は、木の年輪に対する分析とは同位体の種類が異なり、骨や歯に含まれるストロンチウムと炭素を用いる。

これらの同位体は、骨や歯が成長する過程で影響される外部要因によって、変化が生じる。そのためストロンチウムや炭素を調べれば、その馬が生前どの地域で成育していたのか、どのようなものを食べていたのかという、生産や飼育の実態を浮き彫りにすることができるのである。

列島全土にまたがる生産・飼育ネットワーク

具体的にどのようなことがわかってきたのか。調査を行ったのは、金沢大学古代文明・文化資源学研究所准教授の覚張隆史《がくはりたかし》さんと東海大学准教授の丸山真史さんの調査チーム。まず明らかにしたのは、ストロンチウムの同位体を用いた馬の成育地である。

馬の歯のエナメル質に含まれるストロンチウムの同位体比は、その馬が摂取した飲み水や食物のストロンチウム同位体比と似通った値を示し、また、この同位体比は地域によって異なる値を示す。このことから、分析結果によって、その馬がどのような地域で育ったのか、おおよその見当をつけることができる。

この分析手法を用いた研究は、一九九〇年代後半にヨーロッパやアメリカを中心に行われ始め、国内では二〇〇〇年代に入ってから取り入れられるようになった。比較的新しい研究手法として注目を集め、近年は、古代の人々の歯でも同様の分析が行われるなど、新たな研究の進展につながっている。

覚張さんと丸山さんは、この手法を用いて、古墳時代の遺跡から出土した馬の歯のストロンチウム同位体比を測定した。すると、これまでの考古学や歴史学だけではわからなかった興味深い内容が明らかになってきた。それは、畿内で飼育された馬の中に、東日本で生まれ育った馬が一定数いるというもの。分析結果を見てみると、河内《かわち》の長原遺跡では六個体のうち二個体、大和の布留遺跡では一九個体のうち二個体、紀伊の西庄《にしのしょう》遺跡では七個体のうち三個体が東日本で生まれ育った可能性が浮かび上がってきた。

畿内で東日本で生まれた馬が見つかったということは、生前のいずれかの段階で、東日本から畿内へと連れてこられたことを意味する。つまり、馬はヤマト王権の本拠地である畿内へ大移動していたのである。

さらに、馬の歯のエナメル質に含まれる炭素同位体比も、生前の馬の実態に迫る重要なカギを握っている。歯の炭素同位体比は、馬が摂取するすべての食物の炭素同位体比とおよそ一四パーミル（パーミルは千分率による単位）という差で、常に一定の関係を持っている。つまり、一四パーミルの差を補正すると、摂取した食物の炭素同位体比が逆算でき、どのような食物を食べていたかという食性を明らかにすることができる。

具体的に復元可能な食性は、炭素の安定同位体比の値が異なるC_3植物、CAM植物、C_4植物という大きく三つの植物グループに分けられる。C_3植物には、イネ・ムギ・イモ・ダイズなどの栽培植物をはじめ、森林や草原に自生している多くの自然植物が分類される。CAM植物は、日本にはほとんど自生していないサボテンなど多肉植物が分類される。そしてC_4植物は、アワ・ヒエ・キビやトウモロコシなどのいわゆる雑穀類の栽培植物、そしてススキなどが分類される。

つまり、C_3の特徴を示す炭素安定同位体比が確認されると、放牧される中で自生する植物を食べていたことがわかり、C_4の特徴を示す炭素安定同位体比が確認できれば、人の手によって、アワ・ヒエ・キビといった雑穀類を厩舎などで給餌されていたことがわかるということだ。

こうしたことを踏まえ、様々な遺跡から出土した馬の歯を分析したところ、見えてきたのは個体ごとに異なった食性の変化だった。一つの遺跡で出土した馬でも、餌のやり方は決して一様ではなく、それぞれの個体にあわせて、適切な管理がなされていた可能性が浮かび上がってきた。

古代国家を形成していくための推進力

最新の科学分析によって導き出された内容を整理しておこう。朝鮮半島から渡ってきた馬は、五世紀のうちに東日本へと拡散。馬の成育に適した火山灰草原を有する広大な牧で、盛んに出産・飼育が行われた後、ある程度まで成長を遂げた個体は畿内へ移動した。そこでは個体ごとに管理が行われ、厩舎で大切に世話をされていた。古墳時代、日本列島にまたがる馬の生産体制が築かれようとしていたのである。

さらに、馬の骨や歯が出土する場所が、ヤマト王権と結びつきの強い有力豪族の拠点である奈良の南郷《なんごう》遺跡群や布留遺跡、ヤマト王権の生産遺跡（ものづくりに関わった痕跡がある遺跡）である和歌山の西庄遺跡であることを踏まえると、馬の生産にはヤマト王権が関わっていた可能性も浮かび上がってくる。流行の先端だった馬の所有は、豪族の富を表わす象徴でもあった。

東海大学准教授の丸山さんは馬がもたらした影響として、日本列島を一つに結ぶ交通・

通信面での役割も大きかったと分析する。

「古墳時代の人にとって、革命的だったと言ってもいいのではないでしょうか。ヤマト王権自体も、日本列島全てを支配できたわけではない中で、馬を使うことによって、より遠くに、より短時間で人が移動できるということも、社会をまとめていく上では重要な要素だったと思います」

人よりも圧倒的に速いスピードで移動することができる馬は、導入の当初期待されていた軍事面だけではなく、農耕や荷役などでエネルギー転換を巻き起こし、さらには遠く離れた人々に情報を即座に伝える交通・通信革命をもたらした。日本列島を一つにまとめる古代国家を形成していく上で非常に大きな推進力となっていったと考えられる。

『日本書紀』継体《けいたい》天皇元年一月条には、河内馬飼首荒籠《かわちうまかいのおびとあらこ》という人物が登場し、使者を遣わして情報を伝える場面が記されている。ここでは特に馬を使用したことまでは言及されていないが、この時点で、馬飼首という「馬」飼育と関わりのある人物が情報伝達に一役買っていた可能性が示されており、古代における馬の利用を示唆する一つの手がかりとなっている。

知られざる甲冑の量産体制

高句麗の南下にともなう脅威、朝鮮半島との結びつきがより強く意識されるようになった五世紀頃の日本列島では、馬以外に、もう一つ大きな変革を迎えていたことも最新の研究から明らかになってきた。

それは、鉄器を加工する鍛冶技術のイノベーション。五世紀に入ると、古墳の副葬品として武器や武具が数多く出土するようになるが、その中でも鉄製の甲冑は、複雑な立体構造を持つことから、朝鮮半島からの渡来技術を含む同時代における最高水準の技術が注ぎ込まれる最先端の製品として大きな存在感を放つ。

これまでの研究では、甲冑の出土状況から、ヤマト王権のもと、畿内で一元的に生産が行われ、各地に配布されたということが定説となってきた。また、五世紀に盛んにつくられた「帯金式《おびかねしき》」と呼ばれる甲冑については製作工程も詳細な検討がなされ、裁断した鉄板を曲げ、穿孔《せんこう》を施すなどの製作手順があったこともすでに想定として考えられている。

ところが、その生産はどのように行われていたのか、高度な技術を必要とするのであれば、量産体制はどのようにして実現できたのか、生産の実態に関わる部分はいまだわからないことも多い。甲冑の設計単位や製作単位、製作における分業の有無など、製作工房や製作組織は謎に包まれていたのである。

こうした中で、甲冑の生産実態を新たな手法で解き明かそうと考えたのが、橿原考古学研究所附属博物館・学芸課長の吉村和昭さんを中心とする研究チームだ。各地で出土した甲冑の三次元計測を実施。立体構造をデータ化し、実測図などの二次元情報だけでは困難だった比較分析を行うことで、甲冑に秘められた生産の手がかりを摑もうと試みた。

古墳から出土する甲冑は破損していたり、二次的な変形があったりと製作された時点の状態を保っていない場合が多い。また、組み上げていく過程でずれが生じることから、調整や手直しも必要に応じて行われている。甲冑の三次元計測を行うことは、こうした問題をはらむことを念頭に置きながら進める必要があり、話はそれほど単純ではないが、異なる古墳から出土した「横矧板鋲留短甲《よこはぎいたびょうどめたんこう》」という種類の甲冑三点のうち、「押付板《おしつけのいた》」というパーツを比較分析したところ、注目すべき結果を得ることができた。

吉村さんたちが分析したのは、宮崎県の小木原《こきばる》一号地下式横穴墓、宮崎県の西都原《さいとばる》四号地下式横穴墓、福岡県の久留米市田主丸町麦生《たぬしまるまちむぎお》からそれぞれ出土した横矧板鋲留短甲。形状比較をするため、三次元化したデータを重ね合わせてみると、驚くべきことに三点のデータはほとんど合致。形や寸法、さらには連接位置や使用する鋲数など多くの一致点が存在していることが明らかになった。

この結果から、吉村さんはこれらの甲冑の製作に平面的な設計図、言うなれば「型紙」

のようなものが使用されたと推定した。

「平面的な設計図をつくって、その上で加工をしているのではないか。大量に短い時間でつくろうと思えば、部品単位で同じ調子でどんどんつくっていった可能性があると思います」

ただ、「型紙」と言っても、材料は紙ではないと考えられ、木材や動物の皮、もしくは規範となる鉄製の板などが想定されるという。吉村さんはすべての部品がこうした平面的設計図を用いられていたわけではないと考えているが、特徴的な部品については甲冑の大量生産を支える規範が存在していた可能性があるとみている。そして、そこにはやはりヤマト王権が大きく関わっていたのではないかという。

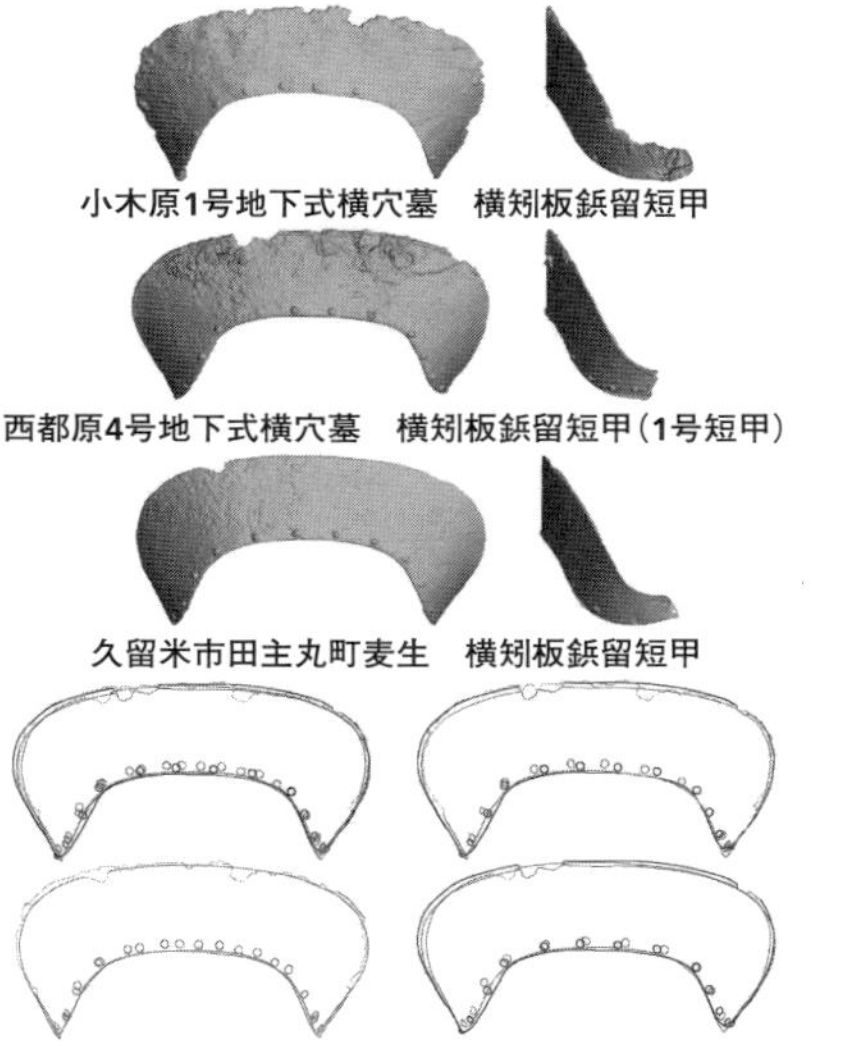

甲冑3点の「押付板」部分の比較分析（データ提供：奈良県立橿原考古学研究所・吉村和昭）

「例えば、畿内を挟んで東と西に分布するからといって、必ずしも畿内でつくっていると考える必要はないのかもしれません。ただ、どこでつくったにせよ、大量の鉄素材を掌握し、渡来系の工人を含めた最新の技術を持っていたということですから、やはりヤマト王権の介在については疑いのないところだと思います」

埼玉県の埼玉稲荷山古墳で見つかった鉄剣には「獲加多支鹵《ワカタケル》大王」、すなわち倭の五王最後の一人、倭王武とされる第二一代雄略天皇のもとで、その持ち主が奉仕した事績が銘文で記されている。このことから五世紀後半には、ヤマト王権の威光が少なくとも九州から東国まで広く伝わっていたことがうかがえる。

そうした中で、ヤマト王権は甲冑の量産化を主導。全国各地へ最新の鍛冶技術が伝播する中核を担い、そこには大量生産を可能にする「型紙」のような平面的設計図の存在があった。高度な技術を必要とする甲冑が地方の古墳でも副葬される理由には、こうした技術の発展があった可能性が考えられる。

終わりなき戦乱の連鎖

高句麗の朝鮮半島南下を発端にして軍事的緊張が高まった五世紀以降、倭国では馬の生産・飼育や甲冑の量産化体制の構築をはじめ、渡来人によってもたらされた湯を沸かしたり調理に使ったりするカマドや蒸し器、硬質で灰色の須恵器《すえき》の製作技術などが普及した。生活面でも様々な変貌を遂げ、それまでとは一線を画する時代を迎えようとしていた。

では、変化をもたらす大きなきっかけとなった倭国と高句麗の関わりは、その後どのような運命を辿ったのか。その内実は、広開土王碑のような同時代記録が残されていないためよくわかっていない。

一つの手がかりとして『日本書紀』雄略天皇八年二月条には、高句麗と敵対することになった新羅からの救援要請を受けて、「日本府の将軍」として膳臣斑鳩《かしわでのおみいかるが》、吉備臣小梨《きびのおみおなし》、難波吉士赤目子《なにわのきしあかめこ》らが派遣され、対峙すること十日余り、明け方に高句麗軍が戦の口火を切ったところを挟み打ちにして「大いに破った」と記されている。

倭国が高句麗に勝利を果たしたかどうか、事実は定かではないが、その後も『日本書紀』雄略天皇二十年条では、高句麗軍が大軍をもって百済を攻めたことが記されており、朝鮮半島を舞台にした戦乱は六六〇年に百済、六六八年に高句麗が滅ぼされ、六七六年に新羅が統一を果たすまで続いたという。

一方で、戦乱は日本列島にも波及していく。六世紀前半、第二六代継体天皇の時代、古墳時代最大の内戦と言われる「磐井《いわい》の乱」が勃発。五二七年、現在の九州、福岡県にあたる筑紫《つくし》を本拠とする筑紫君磐井がヤマト王権に反旗を翻《ひるがえ》し、翌年、ヤマト王権から派遣さ

磐井が築造したとされる岩戸山古墳（写真提供：岩戸山歴史文化交流館）

れた大将軍、大連の物部麁鹿火《もののべのあらかひ》率いる軍隊と激しい戦闘を繰り広げた。

磐井は北部九州最大の前方後円墳である岩戸《いわと》山《やま》古墳（全長一三八メートル）の造営者とも言われ、それは同時期に築かれた今城塚《いましろづか》古墳（全長一九〇メートル）、断夫山《だんぷさん》古墳（全長一五〇メートル）、七輿山《ななこしやま》古墳（全長一四〇メートル）に次いで、第四位の規模を誇った。ヤマト王権にとって強大な存在だったとみられるが、最終的に磐井が討たれることで鎮圧された。

地方支配の強化に乗り出すヤマト王権

磐井の乱は、その後、ヤマト王権と地方豪族の関係を大きく変える分岐点になっていく。近年の研究では、磐井の乱の勃発にも朝鮮半島とのつながりが深く関与していたという。それは、

岩戸山古墳独特の石人（左）や石馬（右）（写真提供：岩戸山歴史文化交流館）

朝鮮半島との交渉を一元化しようと志向するヤマト王権と、独自の交渉を主体的に行ってきた中・北部九州地域の間で確執が生じたというものだ。

考古学的成果によれば、五世紀頃の中・北部九州地域の豪族たちは、ヤマト王権主導のもとで行われる対外交渉に関わっていた反面、朝鮮半島由来の出土物が見つかっていることから独自の交渉を行っていたと想定されている。さらに、磐井の乱との因果関係は定かではないが、第7章で見た朝鮮半島に築かれた前方後円墳や円墳が九州北部と似通っていたことからも、九州と朝鮮半島の間には独自のつながりがあったと推察される。

一方で、『日本書紀』や『古事記』に描かれた磐井の乱を研究対象とした歴史学の観点からは、ヤマト王権への反逆を密かに企てていた磐井に対して新羅が「貨賂（賄賂）」を送るという記述が『書紀』に見られることなどから、独自の関係性を築いていた可能性がうかがわれている。すなわち、考古学と歴史学の成果に相関関係を見て取ることができるのである。

ヤマト王権は外交権の掌握による権力強化を図り、国家の根本を揺るがしかねない存在として磐井の征討を決断した。古墳時代最大の内戦はこうして勃発することとなったのだろう。

そして、複雑な国際関係でつながる朝鮮半島との関係をめぐって生じた磐井の乱が沈静化したことをきっかけに、ヤマト王権は地方支配の強化に乗り出していく。主要な経済的・軍事的要衝地に直轄地「屯倉《みやけ》」を設置。豪族を地方官に任命して地域支配を任せる「国造制」、さらには民衆を統治する制度として「部民制」を導入した。やがて地方豪族は子女を舎人《とねり》・采女《うねめ》としてヤマト王権のもとに出仕させ、特産物を貢進、軍事行動にも参加するなど奉仕を求められるようになっていく。

ヤマト王権は地方豪族の抵抗にあいながらも、朝鮮半島の交渉の一元化を進めるとともに地方支配と中央集権化を推進し、その強大な権力を拡大させながら、古代律令国家の形成に突き進んでいったのである。

金井東裏遺跡から出土した甲を着た人骨（写真提供：群馬県）

前方後円墳が消えていく

六世紀初め、群馬県高崎市に位置する榛名山《はるなさん》が噴火。大規模な火砕流が発生し、大量の火山灰が降り注ぐ事態となった。時は流れ、二〇一二年（平成二四）一一月、群馬県渋川市の金井《かない》東裏《ひがしうら》遺跡で極めて珍しい発見があった。それは、鉄製の甲《よろい》を身につけたまま亡くなったとみられる人骨の出土だった。

この時、見つかった人骨は四〇代の男性で、身長は推定一六四センチ。膝を曲げうつ伏せに倒れ、その周囲は火山灰や火山噴出物が満たされていたことから、災害に巻き込まれ命を落とした被災者であると考えられた。

この人物をめぐっては出土後、詳細な分析が行われ、残存していた頭骨を頼りに復顔も実施された。その結果、細面で鼻筋が通っていると

金井下新田遺跡出土の馬の行列の足跡（写真提供：群馬県）

いう特徴から、渡来人の血を引いている人物だと推測された。さらに、金井東裏遺跡のすぐ側にある金井《かない》下新田《しもしんでん》遺跡では、榛名山噴火にともなう火砕流で埋没した竪穴建物の内側から馬の骨が出土。仔馬の骨も出土したことから、この地で馬が飼育されていたことが確実視された。

このように、ヤマト王権を中心とする倭国は、様々な文化や技術、資源を海外から貪欲に吸収し、それらを各地の豪族や有力者へ分配することで、相互の結びつきを強め、日本列島を一つにまとめ上げていったと考えられる。

一方でこの頃、ヤマト王権のシンボルであり、豪族たちの連合を示す存在として大きな役割を果たしてきた前方後円墳は、徐々に築造されなくなっていく。西日本では六世紀後半、関東でもその後まもなくして新規築造が停止。古墳そのものは七世紀までつくられるが、法と官僚によって支配される律令国家が形成されていく過程で、人々をまとめ上げる象徴としての役目は終わりを告げ、時が経つとともに過去のものとして人々の記憶からも徐々に消えていった。

長い歳月を経た現在、多くの前方後円墳の周辺は木々が生い茂る森のような姿となっているが、そこには古代の人々が歩んだ足跡が確かに残されている。

「日本」の誕生へ

最後に、謎が一つ残されている。それは、倭国と呼ばれていた国がいつ「日本」になったのかという問題である。じつは国号の起源についても、七世紀後半の天武天皇・持統天皇の頃、七〇一年（大宝二）の大宝律令制定前後など諸説あり、正確な制定年代はいまだに明らかになっていない。

しかし、二〇一一年（平成二三）、この「日本」という国号の始まりについても、重要な発見があった。それは中国の西安郊外で見つかった禰氏《でいし》一族の墓地に残されていた墓誌だ。墓誌は先祖の戒名や生前の名前などが刻印された板石で、大きさは一辺五九センチの正方形。六七八年二月に死亡し、同年一〇月に葬られた、百済人の軍人「禰軍《でいぐん》」という人物について、八八四文字で記されていた。

六六三年、日本は百済復興軍を救援するため朝鮮半島に出兵、中国の唐と新羅の連合軍の前に敗北を喫する。いわゆる白村江《はくすきのえ》の戦いである。禰軍の墓誌に記されていたのは、この白村江の戦いが終わった後の情況についてだった。そこには、「日本餘噍、拠扶桑以逋誅」という一節がある。この墓誌を発見した吉林大学考古学院教授の王連龍さんは「生き残った日本は、扶桑に閉じ籠もり罰を逃れている」という意味の内容が書かれているとし、「日本」という国号が初めて使われた事例ではないかと考えた。

もしこの読み解きが正しければ、七世紀には「倭国」に代わって「日本」と名乗り始めたことになり、これまでの定説が覆ることになる。しかし、「日本」は中国から見て「日の出るところ」を意味し、新羅を指して使用されることもある言葉として、国号とは考えられないとする異論も出されており、今後の慎重な議論が期待されている。

いずれにせよ、古代日本が倭国と呼ばれていた時代、卑弥呼や倭の五王と呼ばれる統率者たちは激動の東アジア世界と対峙しながら、群雄割拠の動乱を乗り越えようとしていた。そこには現在よりもはるかに自由に海を行き交いながら、文化や技術を伝えた人々の存在があり、国境のない世界が広がっていた。

変化を恐れないダイナミックな国家戦略に目覚ましい技術革新、そして名もなき人々が切り開いた道の先に、今、私たちが暮らす国は続いている。

おわりに

謎とロマンに満ちた古代史の世界。大半の読者が、この国の黎明期に女王となった「卑弥呼」や、ヤマト王権を率いた「倭の五王」について初めて学んだのは、歴史の教科書だったのではないか。これまで古代史は、日本史の重要分野として、確固たる地位を占めてきた。しかし今、国境を越えて地球規模のスケールで歴史を俯瞰するグローバルヒストリーの潮流が、古代史にも押し寄せ、新たな視点から、ミステリアスな謎の数々に解明のメスが入ろうとしている。

日本という国の始まりを、グローバルな歴史の文脈で捉え直してみると、ユーラシア大陸の大変動と古代日本の大変動が深く結びついていることに気づき、驚かされる。

邪馬台国の卑弥呼が生きた三世紀、東アジアの中国では、一大帝国を築いた漢が滅び、魏・呉・蜀の三国時代に突入。動乱は収まらず、六世紀の隋の建国まで、南北に国家が分断される状態が続いた。西のヨーロッパも、激動の時代だった。四世紀末には、ローマ帝国の屋台骨が揺らぎ、東西に分裂。西ローマ帝国は、西暦四七六年に滅亡の憂き目を見ている。

これは、ヤマト王権が、巨大な前方後円墳を次々と築き、日本列島の大半を支配下に収めようとしていた頃である。

日本史・中国史・ヨーロッパ史をそれぞれ独立した事象と見る限り、隠れたつながりは見えてこない。しかし、国境を越えるグローバルな視点で捉え直せば、共通する変動要因を取り出すことができる。その一つが、ユーラシア大陸の中央部で勃興《ぼっこう》した遊牧民族の騎馬戦術だ。

獰猛《どうもう》な野生の馬を最強の武器に変える鞍《くら》や鐙《あぶみ》、轡《くつわ》といった馬具の発明は、画期的だった。騎馬軍団は、桁違いのスピードで移動し、国境を易々《やすやす》と越えて、侵入してくる。その軍事力はユーラシア大陸を席巻した。東では、遊牧民族が築いた匈奴が、漢の初代皇帝・劉邦《りゅうほう》の軍を叩きのめし、屈辱的な和睦条約を結ばせた。同じく、遊牧民族から生まれた高句麗は、朝鮮半島を南下し、百済を圧迫。倭国の軍と死闘を繰り広げた。西では、フン族の王アッティラが、中央アジアから東ヨーロッパへと進出。ゲルマン民族の大移動を促し、地中海世界を制覇したローマ帝国の衰退へとつながった。遊牧民族が、グローバル化の扉を開いたのだ。そして、騎馬戦術を積極的に導入し、東アジアのパワーバランスを塗り替えようとしたのが、倭王が率いるヤマト王権だった。

勢力図が塗り替わると、世界観も変化する。それは、中国の歴史書からうかがえる。紀元前一世紀に完成した『史記』では、伝説の黄帝から前漢の武帝まで、皇帝の偉業がハイライトだった。それが三世紀の『魏志』東夷伝や五世紀の『宋書』夷蛮伝になると、倭国や朝鮮半島、遊牧民族の動向など、中国の周辺世界の記述が増えてくる。東アジアの地政学リスクの高まりとともに、中国を世界の中心とする「中華」の概念が生まれてくる。それは、中国が圧倒的な存在だったからではなく、その領土を脅かす外敵がいたからこそ、必要とされたのではないか。

ユーラシア大陸の国際秩序を揺るがす大変動を、国造りの好機と見たのが、古代日本のリーダーたちである。日本という国も、この大変動の渦の中から生まれた。

今回の取材で、目を見開かされたのは、その優れた外交センスだった。三国志の時代の中国で、卑弥呼はなぜ呉ではなく、魏を選んだのか。高句麗と敵対していた倭の五王が、なぜ宋の皇帝に官爵を要求し、朝鮮半島の軍事指揮権を手中に収めようとしたのか。日本史と世界史をつなげるグローバルヒストリーによって、邪馬台国やヤマト王権の外交政策やリーダー像も変わってくることだろう。

本書は、二〇二四年三月に放送した「NHKスペシャル　古代史ミステリー」の取材をもとに、ディレクターの夫馬直実と田邊宏騎が共同で執筆した。番組では取り上げていない研究背景や視点を加えて、新たに書き下ろしている。膨大な研究蓄積の中から、注目度の高い最新研究や発掘現場を選び、グローバルな視点を交えながら、研究の最前線を伝えようとした。

古代史では、邪馬台国の所在地をはじめ、研究者の見解が一致せず、未解明のまま、論争が続いているテーマがあるが、本書は、そうした謎に決着をつけることを目指していない。考古学的な調査や科学的な分析から明らかになった事実や、研究者の見解をわかりやすく丁寧に紹介することがねらいである。

今回、国内外の研究者から、多大な協力と資料の提供を受けた。特に、以下の方々に深く感謝したい。七田忠昭・吉野ヶ里遺跡調査指導委員長、中塚武・名古屋大学大学院教授、寺沢薫・桜井市纒向学研究センター所長、上野祥史・国立歴史民俗博物館准教授、岡林孝作・橿原考古学研究所学芸アドバイザー、村上恭通・愛媛大学教授、森公章・東洋大学教授、朴天秀・慶北大学教授。新しい古代史の見方を教えてくれた研究者の皆さん、そして本書刊行のためご尽力いただいたNHK出版新書編集長の山北健司さんに、心から御礼を申し上げる。

本書の執筆中、「NHKスペシャル」をはじめ、数々の番組制作に協力してくださった松木武彦・国立歴史民俗博物館教授が亡くなった。『人はなぜ戦うのか　考古学からみた戦争』は、遺跡から出土する殺傷人骨などから、戦争という人類最悪の発明に真正面から迫った不朽の名著であり、今回のシリーズを発案するきっかけとなった。謹んで哀悼の意を表し、ご冥福をお祈りしたい。

二〇二四年一一月

NHKスペシャル　プロデューサー　山崎啓明

主な参考文献

青木敬『土木技術の古代史』吉川弘文館、二〇一七年
赤塚次郎『邪馬台国時代の東海の王　東之宮古墳』新泉社、二〇一八年
赤塚次郎『幻の王国・狗奴国を旅する――卑弥呼に抗った謎の国へ』風媒社、二〇〇九年
東潮『倭と加耶――朝鮮海峡の考古学』朝日選書、二〇二二年
石原道博編訳『新訂　魏志倭人伝・後漢書倭伝・宋書倭国伝・隋書倭国伝』岩波文庫、一九八五年
石野博信『邪馬台国の候補地　纒向遺跡』新泉社、二〇〇八年
石野博信『邪馬台国時代の王国群と纒向王宮』新泉社、二〇一九年
石野博信・高島忠平・西谷正・吉村武彦編『研究最前線　邪馬台国――いま、何が、どこまで言えるのか』朝日選書、二〇一一年
井上秀雄『古代朝鮮』講談社学術文庫、二〇〇四年
宇治谷孟『日本書紀（上）（下）　全現代語訳』講談社学術文庫、一九八八年
大津透『天皇の歴史1　神話から歴史へ』講談社学術文庫、二〇一七年
片岡宏二『邪馬台国論争の新視点――遺跡が示す九州説　増補版』雄山閣、二〇一九年
河内春人『倭の五王――王位継承と五世紀の東アジア』中公新書、二〇一八年
姜尚中監修『アジア人物史　第2巻　世界宗教圏の誕生と割拠する東アジア』集英社、二〇二三年
熊谷公男『大王から天皇へ』（日本の歴史03）、講談社学術文庫、二〇〇八年

群馬県立博物館編『海を渡って来た馬文化――黒井峯遺跡と群れる馬』六一書房、二〇一七年
古代史シンポジウム「発見・検証　日本の古代」編集委員会編『騎馬文化と古代のイノベーション』KADOKAWA、二〇一六年
古代歴史文化協議会編『刀剣――武器から読み解く古代社会』ハーベスト出版、二〇二二年
桜井市纒向学研究センター編『纒向学からの発信――纒向遺跡から14人のメッセージ』大和書房、二〇二三年
設楽博己『弥生時代――邪馬台国への道』敬文舎、二〇一九年
七田忠昭『吉野ヶ里遺跡――復元された弥生大集落』同成社、二〇〇五年
七田忠昭『邪馬台国時代のクニの都　吉野ヶ里遺跡』新泉社、二〇一七年
清水眞一『最初の巨大古墳　箸墓古墳』新泉社、二〇〇七年
鈴木靖民『古代日本の東アジア交流史』勉誠出版、二〇一六年
鈴木靖民『古代の日本と東アジア――人とモノの交流史』勉誠出版、二〇二〇年
高田貫太『「異形」の古墳――朝鮮半島の前方後円墳』角川選書、二〇一九年
高田貫太『海の向こうから見た倭国』講談社現代新書、二〇一七年
田中史生『国際交易の古代列島』角川選書、二〇一六年
田中史生『越境の古代史』角川ソフィア文庫、二〇一七年
寺沢薫『卑弥呼とヤマト王権』中公選書、二〇二三年
寺沢薫『王権誕生』（日本の歴史02）、講談社学術文庫、二〇〇八年
鳥越憲三郎『倭人・倭国伝全訳――東アジアのなかの古代日本』角川ソフィア文庫、二〇二〇年

中塚武『気候適応の日本史――人新世をのりこえる視点』吉川弘文館、二〇二二年
中塚武『酸素同位体比年輪年代法――先史・古代の暦年と天候を編む』同成社、二〇二一年
奈良県立橿原考古学研究所附属博物館編『海でつながる倭と中国――邪馬台国の周辺世界』新泉社、二〇一三年
朴天秀『加耶と倭――韓半島と日本列島の考古学』講談社選書メチエ、二〇〇七年
橋本輝彦、白石太一郎、坂井秀弥『邪馬台国からヤマト王権へ』ナカニシヤ出版、二〇一四年
福永伸哉『邪馬台国から大和政権へ』大阪大学出版会、二〇〇一年
松木武彦『人はなぜ戦うのか――考古学からみた戦争』中公文庫、二〇一七年
松木武彦『古墳とはなにか――認知考古学からみる古代』角川ソフィア文庫、二〇二三年
右島和夫監修『馬の考古学』雄山閣、二〇一九年
村上恭通『古代国家成立過程と鉄器生産』青木書店、二〇〇七年
村上恭通編『モノと技術の古代史　金属編』吉川弘文館、二〇一七年
森公章『倭の五王――5世紀の東アジアと倭王群像』(日本史リブレット人)、山川出版社、二〇一〇年
森下章司『古墳の古代史――東アジアのなかの日本』ちくま新書、二〇一六年
柳沢一男『筑紫君磐井と「磐井の乱」　岩戸山古墳』(シリーズ「遺跡を学ぶ」094)、新泉社、二〇一四年
吉村武彦、吉川真司、川尻秋生編『天変地異と病――災害とどう向き合ったのか』岩波書店、二〇二四年
渡邉義浩『魏志倭人伝の謎を解く――三国志から見る邪馬台国』中公新書、二〇一二年

NHKスペシャル取材班
私たちの国のルーツを掘り下げ、
古代史の空白に迫るNHKスペシャル「古代史ミステリー」の制作チーム。
他にもこれまで「戦国時代×大航海時代」「幕末×欧米列強」
といったテーマを掲げ、グローバルヒストリーの観点から
新たな歴史像を描いてきた。

NHK出版新書 735

新・古代史
グローバルヒストリーで迫る邪馬台国、ヤマト王権

2025年1月10日　第1刷発行
2025年6月30日　第10刷発行

著者　NHKスペシャル取材班 ©2025 NHK
発行者　江口貴之
発行所　NHK出版
〒150-0042 東京都渋谷区宇田川町10-3
電話 (0570) 009-321(問い合わせ) (0570) 000-321(注文)
https://www.nhk-book.co.jp (ホームページ)

ブックデザイン　albireo
印刷　壮光舎印刷・近代美術
製本　二葉製本

本書の無断複写(コピー、スキャン、デジタル化など)は、
著作権法上の例外を除き、著作権侵害となります。
落丁・乱丁本はお取り替えいたします。定価はカバーに表示してあります。
Printed in Japan ISBN978-4-14-088735-6 C0221

NHK出版新書好評既刊

新プロジェクトX 挑戦者たち 3
トットちゃんの学校 男子バスケ
五輪への道 サッカー女子W杯優勝
薬師寺東塔 大修理 フリマアプリ世界へ

NHK「新プロジェクトX」制作班

人は何のために「壁」に挑むのか？戦時下の教育物語から、スタートアップ企業の奮闘まで、多彩な分野で夢を追う人々の5つのドラマ！

732

サラブレッドはどこへ行くのか
「引退馬」から見る日本競馬

平林健一

ターフを去った競走馬はその後どこへ行くのか？サラブレッドの一生を軸に、現場関係者への綿密な取材を通して、競馬の未来を問う。

733

蔦屋重三郎と浮世絵
「歌麿美人」の謎を解く

松嶋雅人

蔦屋重三郎がモデルの大河ドラマ「べらぼう～蔦重栄華乃夢噺～」の近世美術考証者でもある著者が、美術面から蔦重の仕事に迫る意欲作。

734

新・古代史
グローバルヒストリーで迫る
邪馬台国、ヤマト王権

NHKスペシャル取材班

卑弥呼と三国志、空白の四世紀と技術伝来、倭の五王と東アジア情勢。グローバルな視点から多数の図版と共に日本古代史の最前線に迫る決定版。

735

「新しい中東」が世界を動かす
変貌する産油国と日本外交

中川浩一

中東諸国の表裏を知る元外交官が、大規模改革で台頭する「新しい中東」の様相をレポートするとともに、日本が進むべき道を大胆に提言する。

736